Dibujando Arquitectura

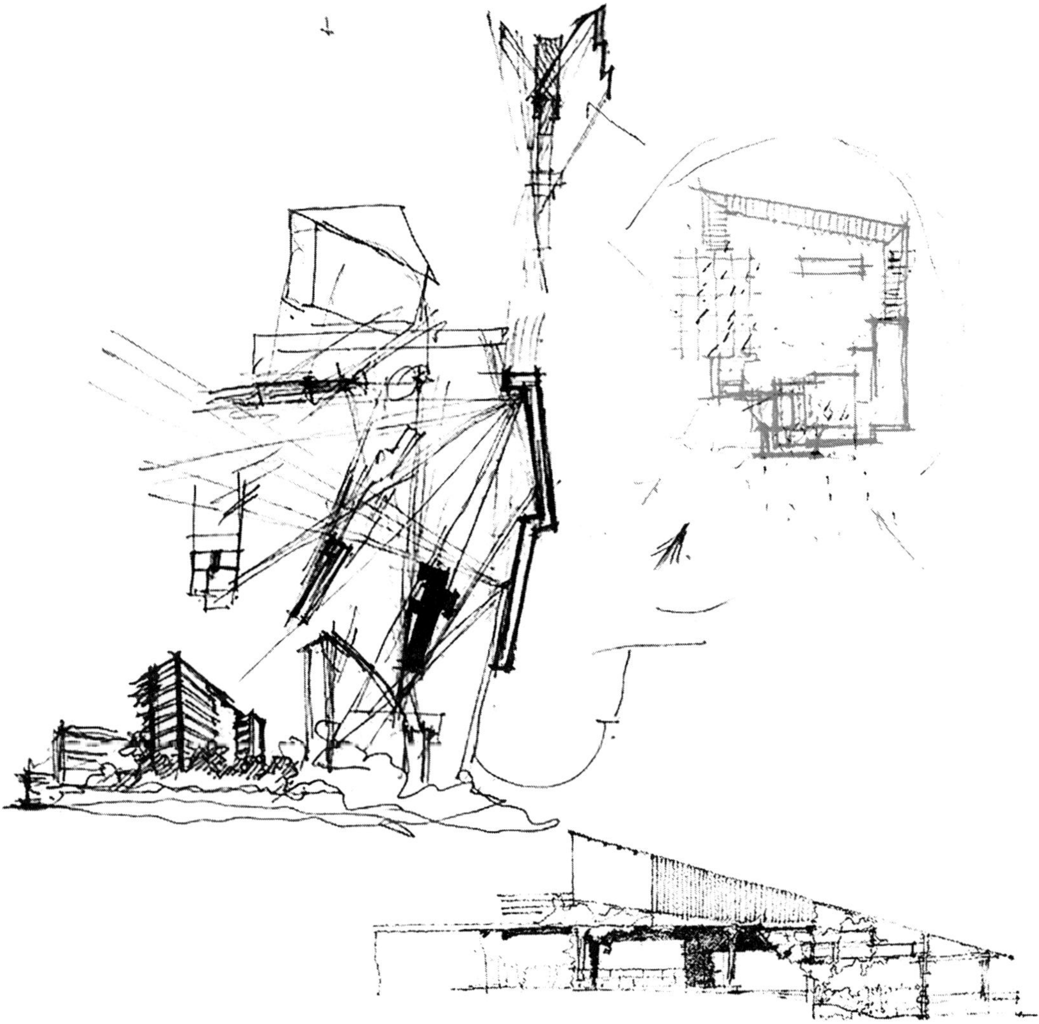

Salvador Gilabert Sanz
Isabel Zaragoza de Pedro

UPC GRAU 78

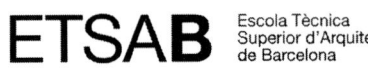

ETSAB
Escola Tècnica
Superior d'Arquitectura
de Barcelona

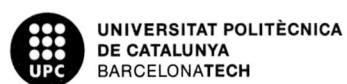

UNIVERSITAT POLITÈCNICA
DE CATALUNYA
BARCELONATECH

Profesorado responsable y coordinadores
Salvador Gilabert e Isabel Zaragoza

Equipo docente
M. Teresa Aguado, Maria Amat, Joana Ayxendri, Pasqual Bendicho, M. Teresa Díez Blanco, Renata de Mendonça Espinheira Gomes, Carmen Escoda, Queralt Garriga, Salvador Gilabert, Hernán Lleida, Pablo Martín, Héctor Mendoza, Andrea V. Ortega Frutos, Oriol Ribó, Isidre Santacreu, Bruno Sève, Erik Solés, Judit Taberna y Isabel Zaragoza.

Edición
Salvador Gilabert e Isabel Zaragoza

Becarios de publicación
Jorge Hermoso y Yassamine Al Andalouci

©Textos
Salvador Gilabert, Isabel Zaragoza, Pasqual Bendicho, M.Teresa Díez-Blanco, Renata de Mendonça Espinheira Gomes, Andrea V. Ortega Frutos, Bruno Sève y Héctor Mendoza.

Portada
1938-1957 Villa Mairea, Maison Louis Carré, Drawings. Alvar Aalto

Primera edición junio de 2024

©   Los autores, 2024
©   Iniciativa Digital Politècnica, 2024
    Oficina de Publicacions Acadèmiques Digitals de la UPC
    Edificio K2M, Planta S1, Despacho S103-S104
    Jordi Girona 1-3, 08034 Barcelona
    Tel.: 934 015 885
    www.upc.edu/idp
    E-mail: info.idp@upc.edu

Producció: Service Point
              Pau Casals, 161-163
              08820 El Prat de Llobregat (Barcelona)

ISBN:978-84-10008-59-5
ISBN digital: 978-84-10008-60-1
DL: B 11863-2024
DOI: 10.5821/ebook-9788410008601

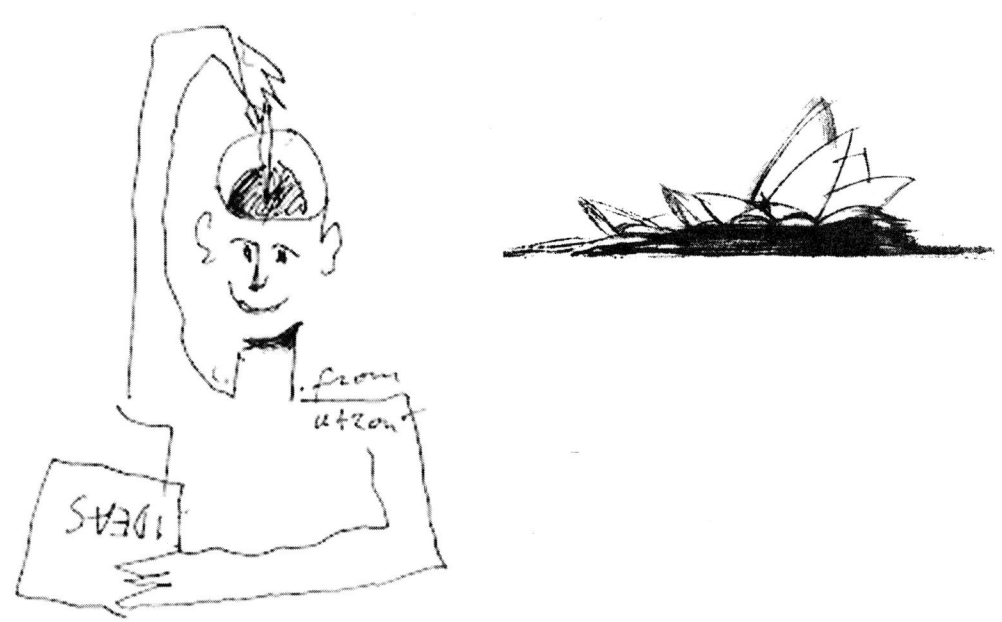

Jørn Utzon

"La unión del ojo, la mano y la mente crea una imagen que no es solo un registro o una representación visual del objeto, sino que es el objeto mismo"

Juhani Pallasmaa, 2009. La mano que piensa

Índice

Dibujo I

1
Introducción

La expresión gráfica arquitectónica es el lenguaje que permite transmitir y explicar la arquitectura mediante códigos propios, y dialogar con ella.

Dibujar es el código de transmisión de este lenguaje y está claramente asociado al imaginario, a la concepción de la arquitectura, a la configuración de los proyectos arquitectónicos y a su transmisión.

El grafismo se presenta como el lenguaje mediador en las diferentes fases de la proyectación arquitectónica, desde su ideación y creación, hasta su desarrollo y concreción, así como para la comunicación de este conocimiento.

Es la vía para realizar la labor profesional específica de la arquitectura.

En esta área de los departamentos de Representación Arquitectónica de las escuelas de Arquitectura es donde se desarrolla el aprendizaje de dibujar para proyectar arquitectura, por lo cual es necesario establecer un proceso metodológico docente que permita la transmisión, la comprensión y el aprendizaje de este lenguaje.

Esta línea docente se fundamenta principalmente en el pensamiento estructuralista como método de análisis de la forma arquitectónica a través de la representación y la generación de la actividad creadora. Bien es cierto que este pensamiento es muy adecuado para representar y generar arquitecturas de sistemas jerarquizados, en que hay una coherencia entre el conjunto y sus partes, aunque parece limitativo para un tipo de arquitectura basada en los procesos creativos que prioriza el proceso frente al objeto.

En este caso, en la asignatura de Dibujo II del segundo cuatrimestre se realizarán acciones pedagógicas de apoyo para garantizar el aprendizaje de un leguaje gráfico que permita experimentar y concretar el desarrollo de procesos creativos basados en procesos diferenciados del objeto arquitectónico estructurado como objetivo.

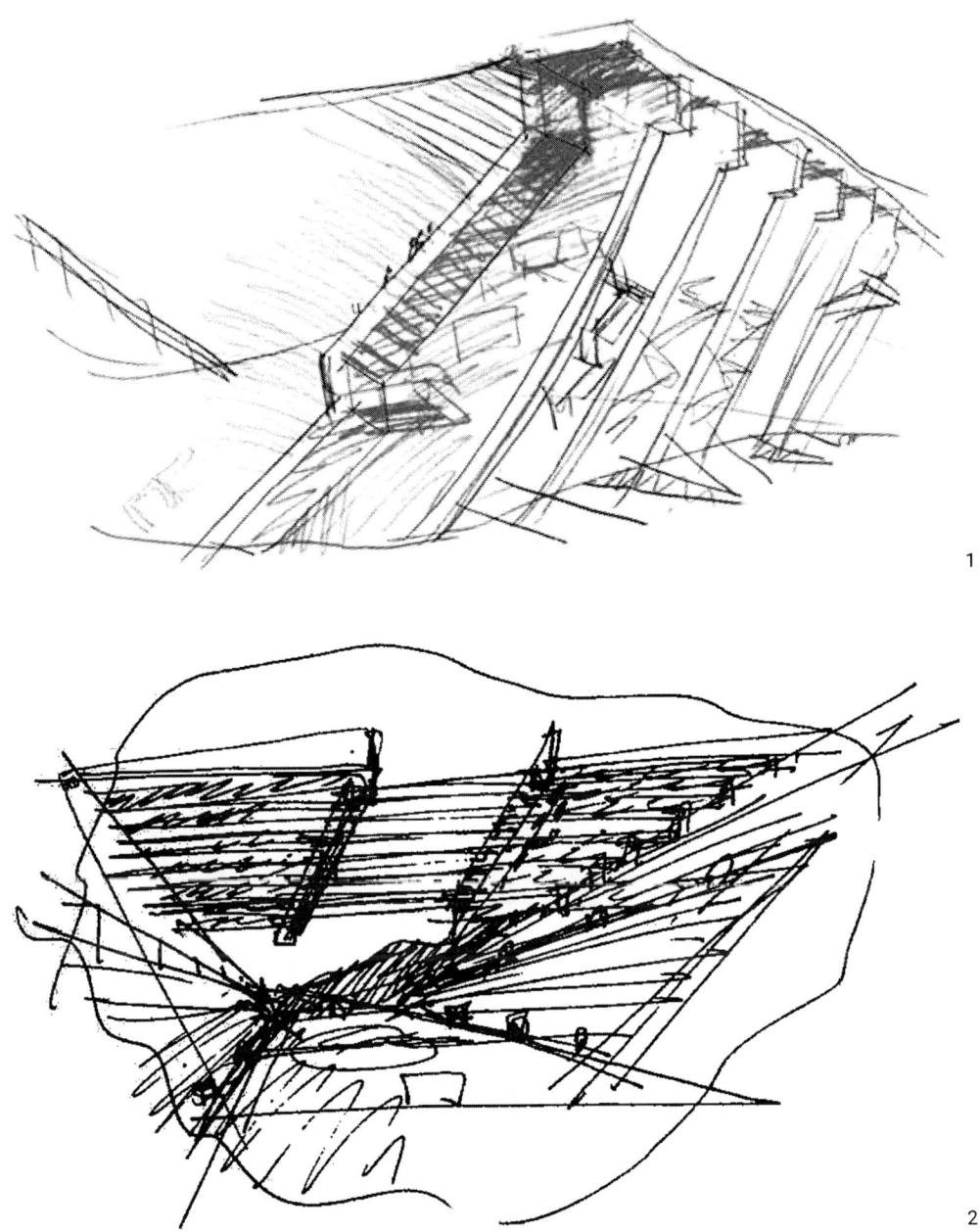

1

2

1y 2. Eduardo SOUTO DE MOURA. Estudio de estadio de fútbol. Braga, 2004.

2
Marco teórico

Si pensamos que el dibujo, es un lenguaje gráfico que transmite ideas, proyectos y cultura que llegan a adquirir valor propio y que son arte en sí mismo. Hay que decir que la forma de entender estos conceptos ha ido cambiando a lo largo de la historia, de las diferentes culturas y, por supuesto, de los diversos artistas o arquitectos.

El dibujo del Renacimiento

En el Renacimiento, concretamente en el siglo xv, se logra un método para reflejar la realidad supuestamente de la manera más real posible; se inventa la perspectiva y aparecen los métodos científicos de la representación.

Leonardo da Vinci, amante de la naturaleza, la observa y dibuja con un realismo desconocido hasta entonces y alcanza, con sus dibujos de anatomía, de paisajes y de artefactos, la cota máxima de representación de lo natural en el dibujo, aplicando la técnica de la perspectiva y el claroscuro.

"Esta visión de la naturaleza es mucho más compleja que los esquemáticos paisajes a que estaba acostumbrada la pintura florentina del siglo xv."[1]

Además, en el siglo xv-xvi, Alberto Durero se expresó a través de los libros de apuntes de viajes, para una serie de viajes que realizó a Italia entre 1494 y 1507. El cuaderno de viaje surge como una imitación de la obra para dar testimonio de la belleza natural hallada.

Pero cambia el sentido del dibujo al ser el primero en definir e ilustrar un sueño, pasando a reflejar en el bloc de notas sus sensaciones y su actitud personal ante las cosas. Encontramos así los primeros dibujos que ya no son solo de alegorías simbólicas o de representación de la realidad, sino también de emociones.

En el siglo xviii, Giovanni Battista Piranesi aplica dramatismo a sus dibujos-grabados, tanto a los personajes como a los paisajes; sus láminas serán, en realidad, una referencia para los viajeros. Sin embargo, estas láminas construyen la arquitectura que representan, en la mayoría de las veces, con perspectivas escenográficas.

---

1   SANTI, B. *Leonardo da Vinci*. Florencia: Scala Books, 1978.

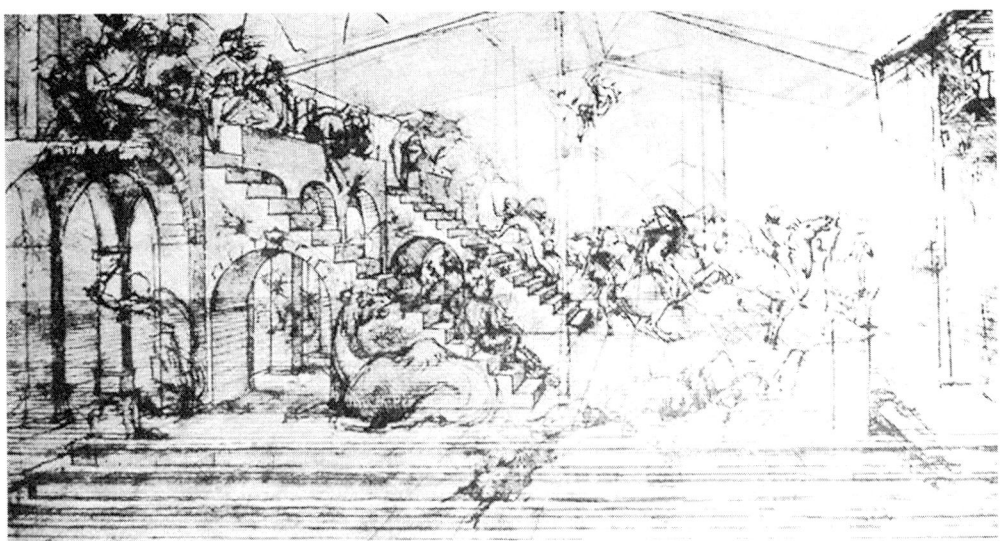

3. Leonardo DA VINCI. Estudio de perspectiva para *La adoración de los Magos*, 1481.

Piranesi es un genio de la recreación de la arquitectura, tanto de la existente, con las reconstrucciones en perspectiva de los paisajes arquitectónicos, como de la inexistente, a través de los dibujos de escenas imposibles.

Podríamos decir que este sistema tradicional de representación se mantuvo prácticamente intacto hasta finales del siglo XIX. Fue a raíz de la aparición de las vanguardias artísticas a principios del siglo XX cuando se produjo en el arte una ruptura con el academicismo. Aparecieron nuevas maneras de representar la realidad, que interactuaban con las nuevas corrientes artísticas, como el cubismo, el futurismo, el expresionismo y, posteriormente, el surrealismo, la abstracción o el suprematismo.

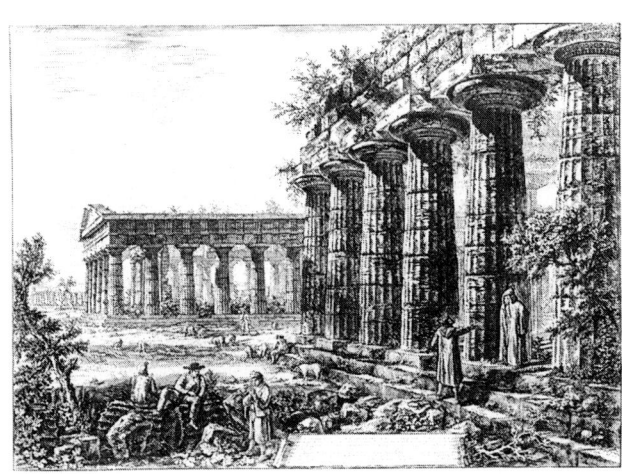

4. Giovanni Battista PIRANESI. Grabado de las fachadas de las columnas de Paestum, 1778.

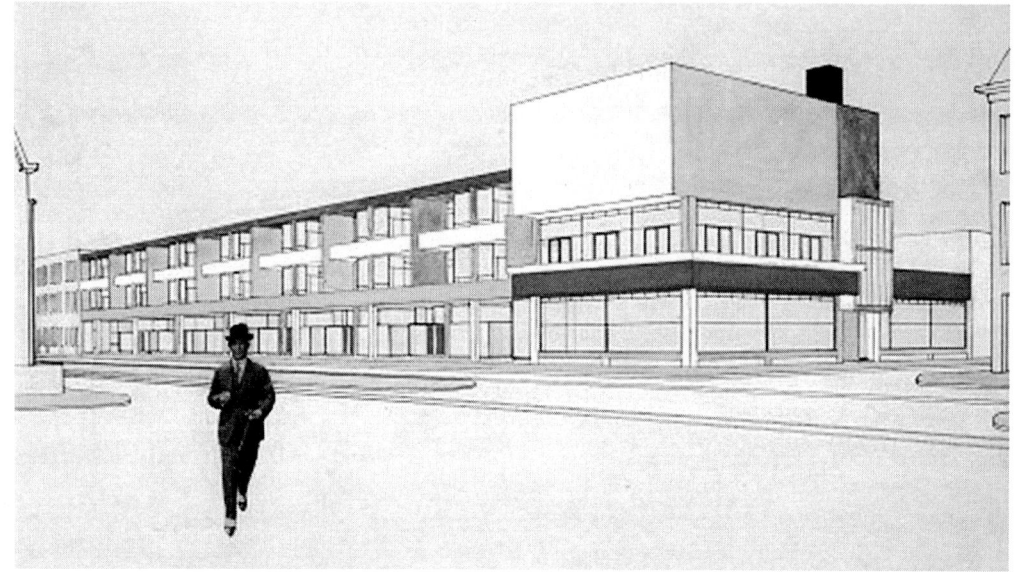

5. Theo Van DOESBURG. *Shopping center*. Movimiento De Stijl, 1924.

Las vanguardias

El cubismo cambió la percepción de la realidad con un solo punto de vista fijo, que no dejaba de ser limitativo del complejo conjunto que es la realidad. En cambio, aparece la percepción de esta realidad compuesta a partir de múltiples puntos de vistas, lo cual permite adquirir una representación más compleja y completa de la realidad.

El futurismo incorporó las variables del tiempo y el movimiento introduciendo la cuarta dimensión en una representación plana de la escena. Y el constructivismo incorporó la materialidad tecnológica industrial y el contexto social y propagandístico.

El dadaísmo, como reacción revolucionaria a las convenciones sociales y artísticas a modo de provocación, dio cabida a lo ilógico o a lo dudoso.

Aparecen así otras formas de entender las realidades paralelas, basadas en las formas de la espontaneidad y el subconsciente (surrealismo y expresionismo). Las arquitecturas en que no es posible identificar las relaciones entre las partes son aquellas en que estas relaciones son excesivamente complejas o, simplemente, aleatorias y casuales. Estas tienen su origen en el arte conceptual, que prioriza la acción frente al objeto, y en la crítica radical, que pretende acabar con el objeto artístico a través de distintos procedimientos.

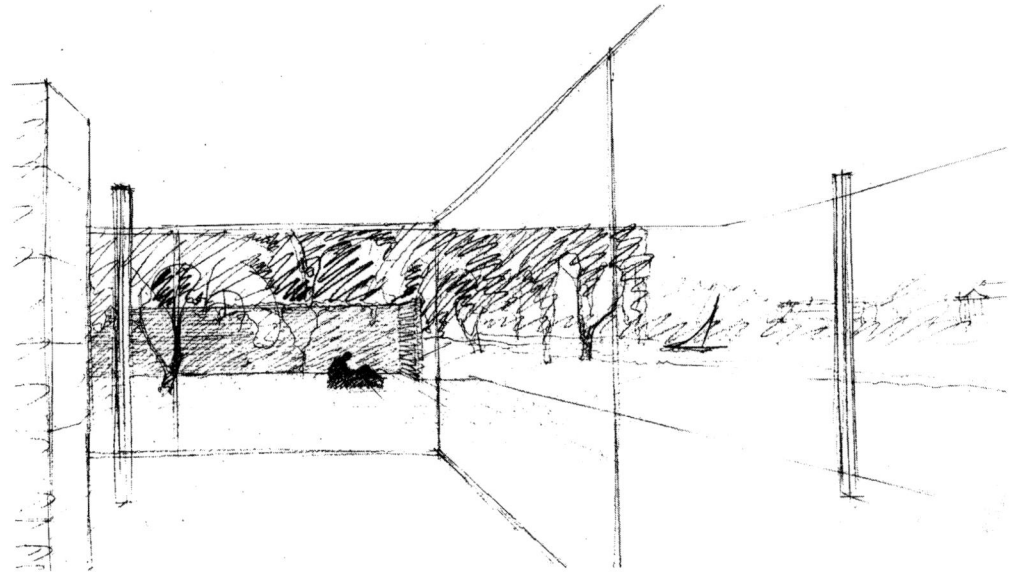

6. Paul KLEE. *Ángeles*, 1939.

De la modernidad a la postmodernidad

En la segunda década del siglo xx, la arquitectura del movimiento moderno, liderada por Walter Gropius y por la escuela de la Bauhaus en Alemania, destaca por valorar la funcionalidad por encima de la ornamentación. Le Corbusier lidera en Francia el funcionalismo y la idea de máquina como solución para todo. Estas simplificaciones acabarían provocando limitaciones en la manera de crear arquitectura, de modo que se eliminaba cualquier rasgo que no fuera meramente funcional. Estas condiciones establecidas provocaron finalmente el rechazo del movimiento moderno, hacia la década de los años sesenta, precisamente por el carácter limitativo de sus propios conceptos, que eran restrictivos, más que creativos.

El movimiento posmoderno sostiene que la modernidad falló al pretender renovar las formas de pensamiento y expresión. Por ello, el pensamiento posmoderno se asocia al desencanto y a la apatía.

Se conoce como arquitectura posmoderna una tendencia arquitectónica iniciada en los años cincuenta y comienza a ser un movimiento a partir de los años setenta. El posmodernismo viene anunciado por el regreso "del ingenio, el ornamento y la referencia" de la arquitectura, como respuesta al formalismo causado por el Estilo Internacional del movimiento moderno. Este es el caso del «Manifiesto del moho contra el racionalismo en la

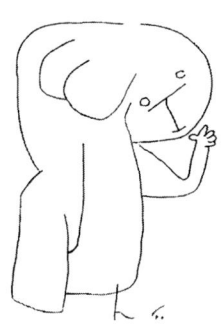

7.. Ludwing MIES VAN DER ROHE, dibujo de la casa Hubbe, 1935.

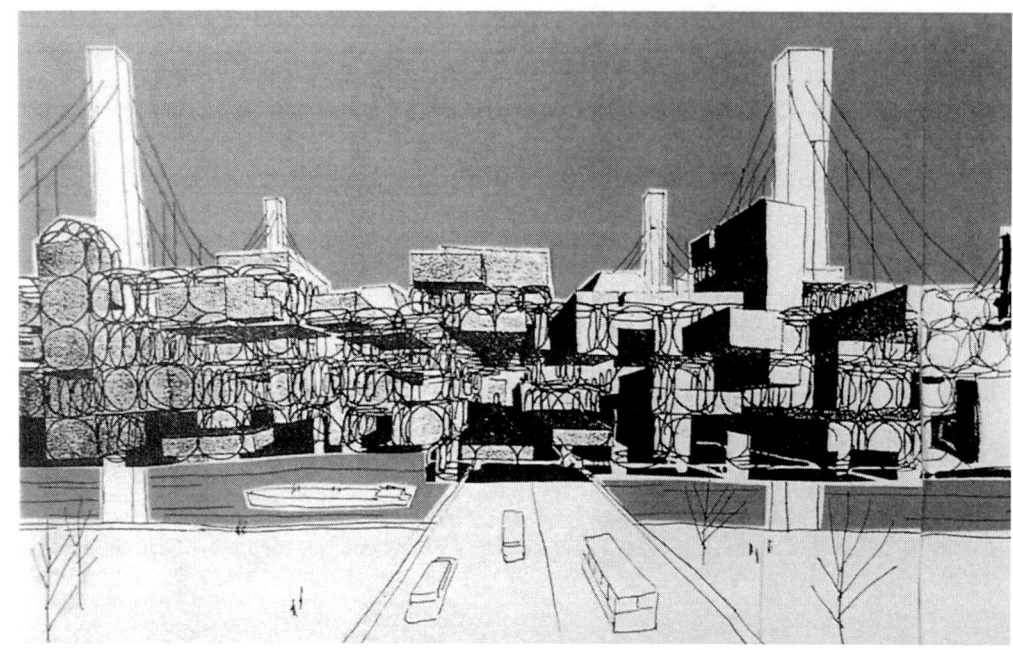

8. Yona FRIEDMAN. *Floating in Space*, 1959.

arquitectura», lanzado en 1958 por el artista austríaco Friedensreich Hundertwasser. En él propugnaba la autoconstrucción y rechazaba la frialdad ortogonal de las viviendas modernas: «Es tiempo de que la gente —decía— se rebele contra el hecho de ser confinada en edificios como cajas, de la misma manera que son confinados en jaulas los conejos y las gallinas.» El mismo año aparecieron los primeros textos importantes sobre esta materia de la Internacional Situacionista, como las propuestas de Constant Nieuwenhuys y Guy Debord para un urbanismo unitario, «definido por una actividad compleja e ininterrumpida a través de la cual es recreado el entorno humano de acuerdo con un programa progresivo, en todos los terrenos».

Desde principios de los años sesenta, proliferaron otras propuestas de renovación radical de los supuestos de la modernidad. Algunas pueden calificarse de «románticas» o desurbanizadoras (en la línea de Hundertwasser), pero la mayoría contaban con que un desarrollo tecnológico y económico prodigioso permitiría levantar inmensas megaestructuras, capaces de alterar, por sí solas, las bases psicológicas sobre las cuales se asienta la vida social contemporánea. Uno de los más radicales fue Paolo Soleri, que invitó a emprender la construcción de varias arcologías. Otras propuestas relacionables con todo ello fueron las de Yona Friedman, Kiyonori Kikutake y Nicolas Schöffer, o las muy conocidas del grupo británico Archigram. De algunos de ellos derivará luego la arquitectura posmoderna *high tech*, que tanta importancia alcanzará en los años ochenta."

(RAMÍREZ, Juan Antonio. *Arte y arquitectura en la época del capitalismo triunfante.* Madrid: La Balsa de la Medusa, 1992) .

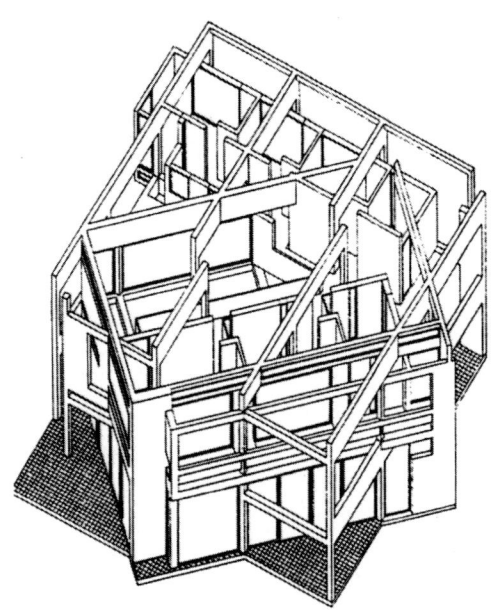

9. Peter EISENMAN. *House III*, 1970.

El estructuralismo

En el siglo XVIII, el dibujo en perspectiva y la línea definida son el medio de construir el dibujo arquitectónico.

En esas volumetrías, la precisión del dibujo, su construcción, son vistas como equivalentes de la construcción misma en arquitectura. No se busca una identidad que pueda ser una imagen capaz de sustituir una futura realidad construida, sino una construcción precisa en sí misma. El carácter físico de esos dibujos es el comienzo del diálogo entre pensamiento y construcción. El interés por el dibujo en volumetría es un manifiesto de que estos dibujos son una manera de idear arquitectura en sí mismos, con una construcción que no es la del detalle, sino la de la creación arquitectónica, que genera espacios y construye volúmenes. Christian Norberg-Schulz propone una interpretación de las formas de la arquitectura a partir del estudio de su materia (el espacio y la masa) y de lo que la articula (sus relaciones).

El paso del realismo y el existencialismo de los años cincuenta al estructuralismo y a la cultura pop significa la paulatina transición de lo simple a lo complejo, de una realidad que se pretende única a la inclusión de realidades muy diversas. Esta concepción estructuralista de la arquitectura es entendida como un sistema coherente de relaciones entre distintos elementos o partes, que resulta válido para interpretar gran parte de las formas del siglo XX, como el racionalismo, la abstracción y una parte de la arquitectura posterior a la Segunda Guerra Mundial, como el minimalismo o la arquitectura *high tech*, etc.

3
Contexto Académico, RA

Actualmente, el sistema educativo se enmarca en el Espacio Europeo de Educación Superior, coordinado por los países miembros.

Se establece así un sistema de créditos que se pueden comparar y convalidar entre las distintas universidades de la Unión Europea.

El *European Credit Transfer System* (ETCS)

Son los nuevos créditos que regulan los estudios. Se diferencian de los anteriores en que no se miden solo las horas de clase. Antes, un crédito equivalía a 10 horas, mientras que ahora también tiene en cuenta el trabajo del alumno fuera del aula: por término medio, un ETCS equivale a 25-30 horas de aprendizaje.

Su implantación a todas las universidades europeas permite unificar la valoración del alumno, que pasa de ser un agente activo en este nuevo modelo educativo. El objetivo es que tome sus propias decisiones con respecto a su aprendizaje. El proceso de Bolonia requiere del alumno un esfuerzo superior, a través de la realización de trabajos y la asistencia constante a clase, entre otras medidas.

Los principales resultados de este aprendizaje se definen como:

"expresiones de lo que una persona en proceso de aprendizaje sabe, comprende y es capaz de hacer al culminar un proceso de aprendizaje" y se clasifican en tres categorías:

1. **Conocimientos:** Teóricos y/o prácticos.

2. **Destrezas:** Cognitivas (uso del pensamiento lógico, intuitivo y creativo) y prácticas (fundamentadas en la destreza manual y en el uso de métodos, materiales, herramientas e instrumentos)"

3. **Competencias:** Responsabilidad y autonomía.

Entre las nuevas metodologías docentes, cabe destacar las siguientes:

Evaluación continua: Seguimiento diario del trabajo personal del alumno mediante evaluaciones continuas.

Enseñanza práctica: Intervención activa del alumno a través de la realización de ejercicios, trabajos en grupo, prácticas profesionales, etc.

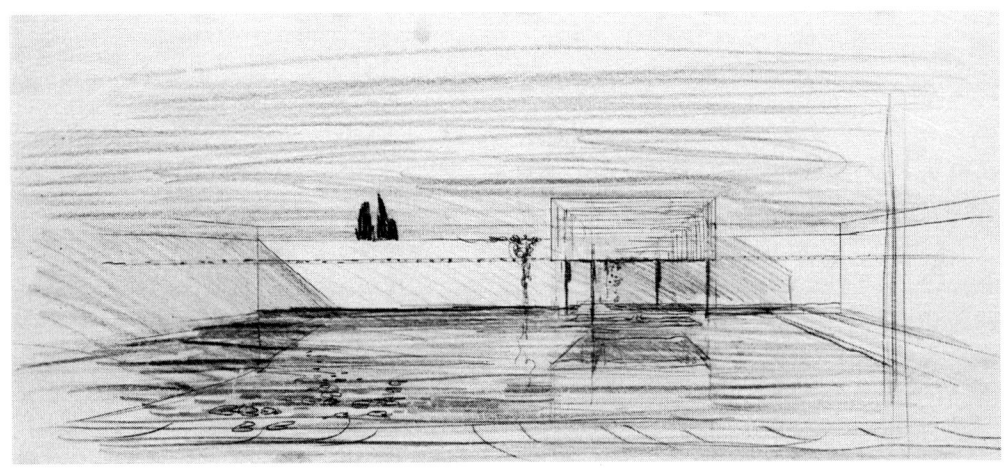

10. Carlo SCARPA. *Cementerio de Brion*. Cónica con lápices de colores, 1955

Asignaturas

210101 - DB I - Dibujo I
210106 - DB II - Dibujo II

Materias básicas de la arquitectura

Departamento de Representación Arquitectónica
Escola Tècnica Superior d'Arquitectura de Barcelona_ETSAB
Universitat Politècnica de Catalunya_ UPC BarcelonaTech

Tipo de asignatura: Troncal
Curso: Primero
Profesores responsables y coordinadores: Salvador Gilabert y Isabel Zaragoza
Becarios de la asignatura: Olímpia Solà y Jorge Hermoso

Barcelona, septiembre 2023

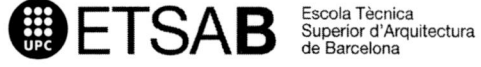

ETSAB
Escola Tècnica
Superior d'Arquitectura
de Barcelona

11. Dibujos de Enric MIRALLES.
Bocetos para la Universidad de Valencia, 1989

Dibujar

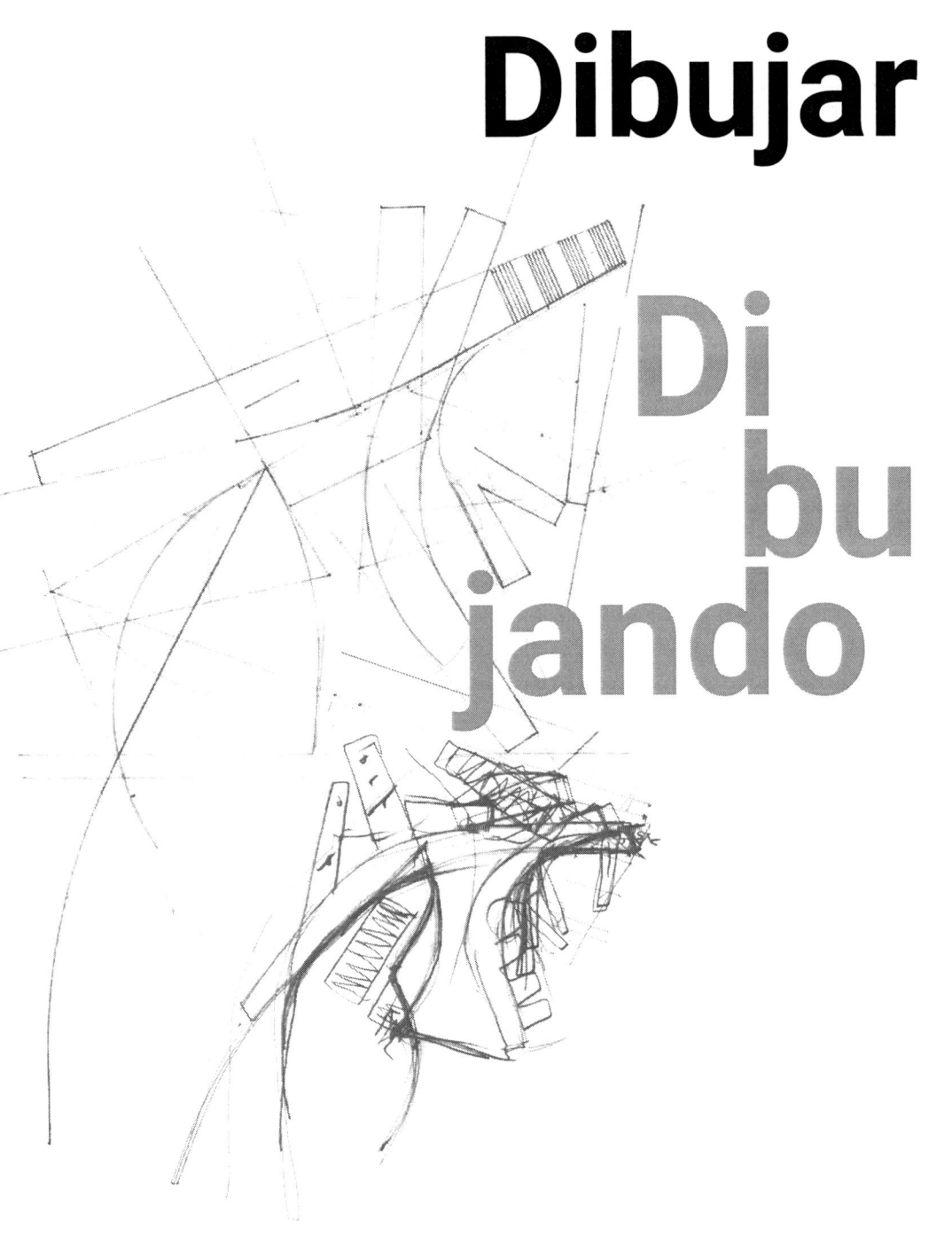

Dibujando

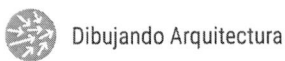

Presentación

Dibujo es una asignatura eminentemente práctica de dibujo manual descriptivo y analítico, que se desarrolla en el primer curso del Grado en Estudios de Arquitectura, en sesiones presenciales de 5 horas semanales y un trabajo autónomo de 6 horas semanales.

Acerca al estudiante a la comprensión de la arquitectura a partir de las necesidades específicas de su representación como lenguaje y como herramienta de desarrollo, análisis y comunicación. A lo largo del curso, se practica el dibujo a mano, ejercitando la relación inmediata entre pensamiento-mano-papel, fundamental en el proceso gráfico para "entender y hacer entender" la arquitectura.

El primer objetivo es conseguir que el estudiante, al iniciar los estudios de arquitectura, descubra la importancia del dibujo a mano como vehículo necesario para entender, comunicarse y desarrollar la creatividad a lo largo de la carrera, y adquiera las habilidades del dibujo a mano como herramienta para la grabación gráfica de la experimentación de la arquitectura, al tiempo que descubre las cualidades de los espacios, como las proporciones, la materialidad, la estructura o la forma.

La metodología se centra en que el estudiante logre comprender la arquitectura a través de una nueva forma de mirar. A partir de la afirmación de Zumtor sobre "la sensualidad corporal y objetual de las arquitecturas y su materialidad" (2014, p. 66), el estudiante aprende las diversas escalas y su representación mediante el cuerpo (pasos, palmos, bolígrafos, etc.), siempre relacionado con la figura humana. Además, se practica el dibujo al natural del cuerpo humano.

Los recursos docentes presenciales (talleres prácticos, clases teóricas y bibliografía recomendada), dirigidos por un profesor por cada grupo de 20-23 estudiantes, consisten en casos de estudio en que el aprendiz ejercita *in situ* la visión espacial mediante la aplicación de las técnicas gráficas y las convenciones retóricas del dibujo arquitectónico manual. El profesorado acompaña a los estudiantes de forma individualizada, haciéndoles las correcciones pertinentes durante cada sesión.

Según el plan de estudios vigente, el estudiante debe desarrollar una serie de actividades autónomas, que se plantean como la consolidación de los aspectos trabajados en el aula. Cada profesor puede adecuar el contenido de los ejercicios no presenciales a su grupo de estudiantes y/o a sus intereses de investigación, para lograr consolidar los contenidos de clase.

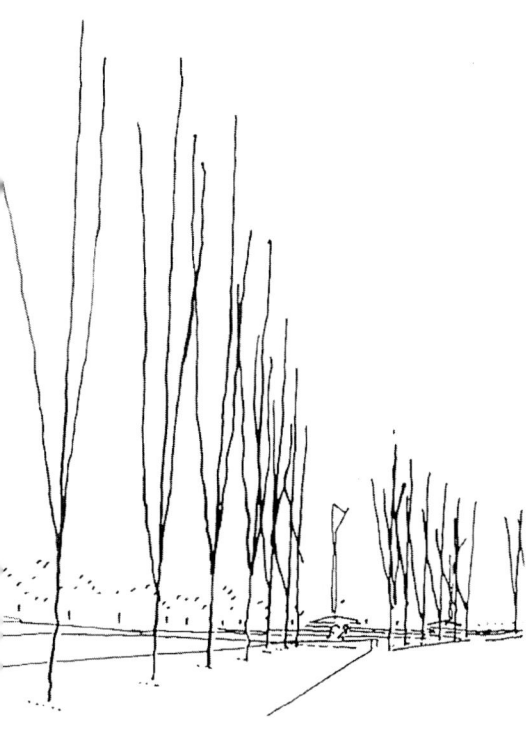

12. Enric MIRALLES. Perspectiva de un parque en Girona, 1987. Archivo cedido por la ©Fundació Enric Miralles.

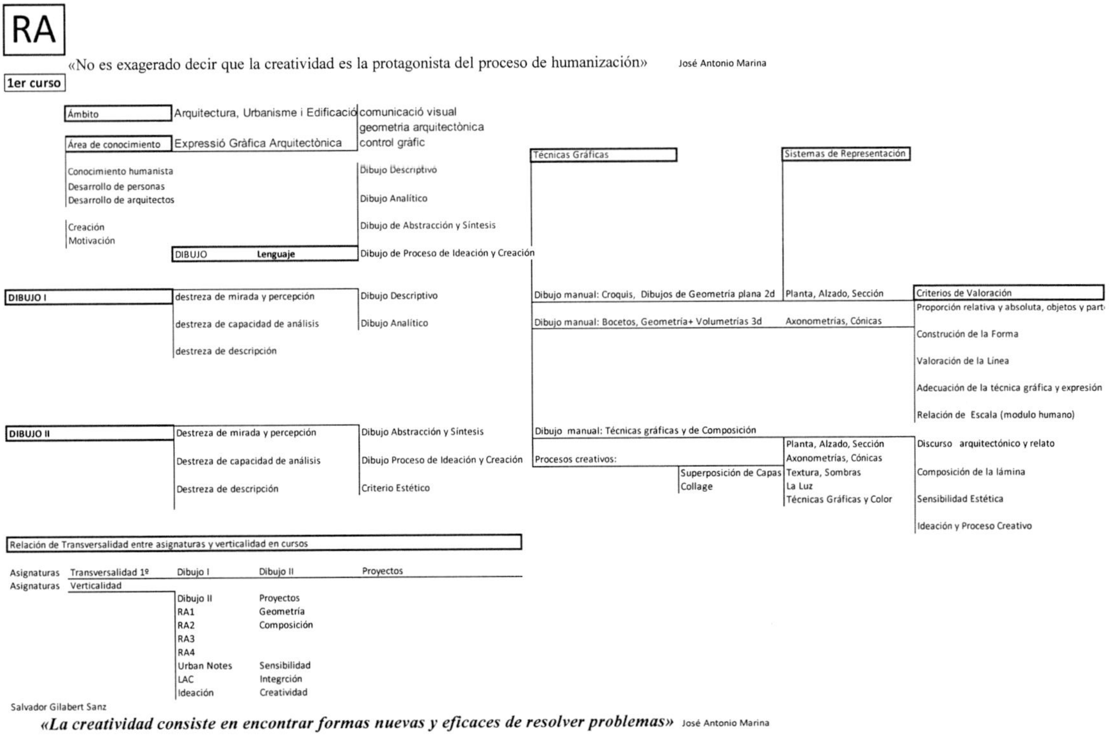

RA

«No es exagerado decir que la creatividad es la protagonista del proceso de humanización» José Antonio Marina

Ámbito	Arquitectura, Urbanisme i Edificació	comunicació visual	
Área de conocimiento	Expressió Gràfica Arquitectònica	geometria arquitectònica control gràfic	

| | | Técnicas Gráficas | Sistemas de Representación |

Conocimiento humanista		Dibujo Descriptivo	
Desarrollo de personas			
Desarrollo de arquitectos		Dibujo Analítico	
Creación		Dibujo de Abstracción y Síntesis	
Motivación			
DIBUJO	Lenguaje	Dibujo de Proceso de Ideación y Creación	

DIBUJO I	destreza de mirada y percepción	Dibujo Descriptivo	Dibujo manual: Croquis, Dibujos de Geometría plana 2d	Planta, Alzado, Sección	Criterios de Valoración
	destreza de capacidad de análisis	Dibujo Analítico	Dibujo manual: Bocetos, Geometría+ Volumetrías 3d	Axonometrías, Cónicas	Proporción relativa y absoluta, objetos y parte
	destreza de descripción				Construción de la Forma
					Valoración de la Línea
					Adecuación de la técnica gráfica y expresión
					Relación de Escala (modulo humano)

DIBUJO II	Destreza de mirada y percepción	Dibujo Abstracción y Síntesis	Dibujo manual: Técnicas gráficas y de Composición		Discurso arquitectónico y relato
	Destreza de capacidad de análisis	Dibujo Proceso de Ideación y Creación	Procesos creativos:	Planta, Alzado, Sección Axonometrías, Cónicas	Composición de la lámina
	Destreza de descripción	Criterio Estético	Superposición de Capas Collage	Textura, Sombras La Luz Técnicas Gráficas y Color	Sensibilidad Estética
					Ideación y Proceso Creativo

Relación de Transversalidad entre asignaturas y verticalidad en cursos

Asignaturas	Transversalidad 1º	Dibujo I	Dibujo II	Proyectos
Asignaturas	Verticalidad			
		Dibujo II	Proyectos	
		RA1	Geometría	
		RA2	Composición	
		RA3		
		RA4		
		Urban Notes	Sensibilidad	
		LAC	Integrción	
		Ideación	Creatividad	

Salvador Gilabert Sanz

«La creatividad consiste en encontrar formas nuevas y eficaces de resolver problemas» José Antonio Marina

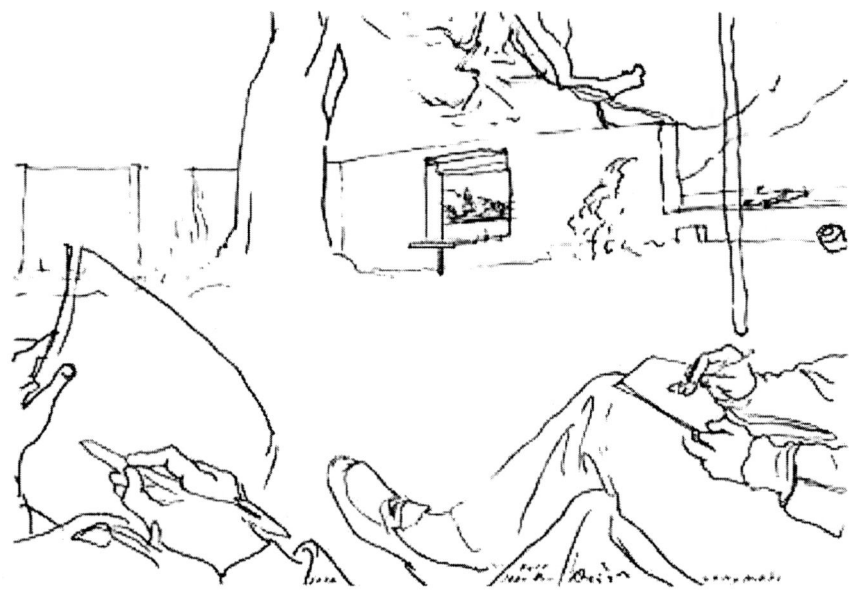

13. Casa de Le Corbusier en Vevey. Dibujo de Álvaro Siza, 1981.

Descripción general de la asignatura de dibujo

En este proyecto docente desarrollamos la asignatura de Dibujo.

"La unión del ojo, la mano y la mente crea una imagen que no es solo un registro o una representación visual del objeto, sinó que es el objeto mismo"

Juhani Pallasmaa, 2009. *"La mano que piensa"*

El dibujo es el lenguaje por el cual se expresa la arquitectura, asumido universalmente desde la época del humanismo. El dibujo ha supuesto el control de la complejidad de los procesos de producción, así como el control formal y el elemento mediador entre la creatividad y su expresión. Tanto el dibujo de ideación o concepción como el dibujo de representación, interpretación o análisis suponen una forma de conocimiento, basado en una serie de convenciones y prácticas universales, progresivamente perfeccionadas y codificadas por la experiencia colectiva y por el tiempo, que hace de su lenguaje un oficio que puede transcenderse a sí mismo cuando queda integrado en la historia del arte. El lenguaje gráfico, asumido como una concreción cultural, es determinante en el desarrollo de los sistemas de representación.

El dibujo de concepción o ideación es el vehículo que, a través de tanteos gráficos, posibilita la concreción de la idea, creando un diálogo entre las ideas y los objetivos que se va ajustando mediante la acción, para culminar un proceso en que la imaginación queda explicitada desde el lenguaje gráfico. El dibujo genera la realidad, no la copia, por lo cual podemos decir que la arquitectura, en su universo complejo, más que necesitar el dibujo para su expresión realiza en el dibujo su concepción y hace realidad con el dibujo su expresión.

El dibujo de análisis descriptivo permite una descomposición formal del organismo arquitectónico en todos sus elementos constituyentes, para comprender primero la naturaleza de estos y, posteriormente, ver las relaciones que se establecen entre ellos, la estructura en que se articulan de modo que aparezca como un todo ordenado por unas determinadas leyes que descubren la geometría de las formas y sus elementos y, a partir de ahí, la ordenación, la simetría, la proporción, la situación, el ritmo..., así como las variables diferenciales de textura y color. En definitiva, permite conocer el proceso de configuración formal y las leyes que lo posibilitan.

El lenguaje gráfico se sirve de los sistemas de representación y de las técnicas gráficas para expresar la arquitectura de forma analítica. Dicha expresión deberá buscar la máxima coherencia entre el lenguaje y el resultado gráfico empleado para representarla, y deberán elegirse los sistemas que se emplean en cada estadio del proceso gráfico, así como las técnicas más idóneas que, con más economía de medios, expresen mejor la arquitectura que queremos representar.

Ya sea el dibujo y la idea, o el dibujo y el proyecto, o incluso el dibujo y la construcción, deberán abordarse dentro de las instancias propias de un alumno de primer curso, cuyo punto de partida gráfico es elemental y, al mismo tiempo, es entonces cuando se produce su primer contacto con la arquitectura. Esta problemática es la constante sobre la que bascula el desarrollo del trabajo.

Objetivos específicos

La asignatura instruye y capacita al estudiante para:

- Utilizar el dibujo manual como herramienta esencial de análisis, representación y comunicación visual de la arquitectura y su entorno.

- Conseguir la destreza suficiente para visualizar y entender el espacio arquitectónico y su entorno.

- Adquirir la habilidad suficiente para poder expresar y representar intencionadamente la arquitectura y su entorno a partir del esbozo y el croquis.

- Conocer y aplicar con precisión del lenguaje gráfico mediante el uso de los símbolos, las rotulaciones y las convenciones que se emplean en la arquitectura.

- Desarrollar criterios de autoaprendizaje para que pueda explicar gráficamente los espacios y las formas de la arquitectura mediante diversos sistemas y técnicas de representación.

- Tener un razonamiento crítico del lenguaje arquitectónico fruto de los conocimientos adquiridos a lo largo del curso.

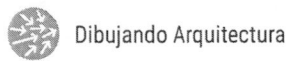

Competencias indispensables

– Conocimiento adecuado, aplicado a la arquitectura y al urbanismo, de las leyes de la percepción visual.

– Aptitud para aplicar los procedimientos gráficos a la representación de espacios y objetos.

– Capacidad, a partir de una base, para avanzar y ampliar los conocimientos de forma autónoma.

– Capacidad creativa y desarrollo de la imaginación en el ámbito de la ingeniería y la arquitectura.

– Capacidad crítica y analítica en el área de especialidad correspondiente.

– Capacidad de abstracción, análisis y síntesis.

– Capacidad de análisis y de interpretación de la información.

– Capacidad de comunicación en lenguajes formales, gráficos y simbólicos.

– Capacidad para transmitir información, ideas, problemas y soluciones a público especializado y no especializado.

– Capacidad para utilizar las técnicas de representación manuales e informáticas más adecuadas y las tecnologías de comunicación de última generación.

– Conocimiento adecuado, aplicado a la arquitectura y al urbanismo, de las técnicas de levantamiento gráfico en todas sus fases, desde el dibujo de apuntes hasta la restitución científica.

– Conocimiento adecuado, aplicado a la arquitectura y al urbanismo, de los sistemas de representación espacial.

– Conocimiento adecuado, aplicado a la arquitectura y al urbanismo, del análisis y la teoría de la forma.

– Desarrollo de las habilidades de aprendizaje necesarias para realizar nuevos estudios con un alto grado de autonomía.

– Destreza gráfica y manual.

– Aptitud para concebir y representar los atributos visuales de los objetos.

– Aptitud para dominar la proporción de los objetos.

– Aptitud para dominar las técnicas del dibujo informatizado.

– Aptitud para dominar las técnicas tradicionales de dibujo.

Competencias necesarias

- Capacidad para trabajar en equipos multidisciplinarios y multiculturales.
- Capacidad para buscar e interpretar información complementaria.
- Cultura histórica y social. Sensibilidad estética.

Disposición de técnicas y rutinas de aprendizaje autónomo, y convencimiento para el aprendizaje continuo a lo largo de toda la vida, que permita la progresión autónoma y el acceso a estudios de nivel superior.

Metodología de enseñanza

Las actividades que desarrollar durante el curso se refieren a los contenidos teóricos, al análisis de modelos y a la adquisición de un lenguaje gráfico.

Los contenidos teóricos o conceptuales son los instrumentos requeridos para analizar y expresar los fenómenos complejos de generación de la forma arquitectónica y de los espacios, a partir de unos conceptos universales y de estudios de casos tipo.

El análisis de modelos responde, en una primera fase, al estudio de arquitecturas urbanas construidas que se trabajan *in situ* y que permiten introducir al alumno en el conocimiento espacial de la arquitectura. Posteriormente, se aborda el análisis de algunas arquitecturas ejemplares, idóneas para la aplicación de la metodología. En la última fase del curso, se dispone exclusivamente de documentación gráfica del modelo.

La adquisición del lenguaje gráfico se logra con el desarrollo progresivo de los trabajos a lo largo del curso. Se ocupa del aprendizaje y la exploración de las técnicas gráficas y de las habilidades que requiere el dibujo para la expresión, la ideación o la representación de la arquitectura.

La adquisición de estos objetivos es progresiva, dado el carácter docente de la materia, en que el alumno va avanzando en la adquisición del lenguaje gráfico y de los conceptos arquitectónicos, que no es la suma heterogénea de un conjunto de experiencias, sino que forma parte de todo un proceso reflexivo y escalonado que le permitirá conocer el objeto arquitectónico de forma analítica (análisis estructural, en palabras de Norberg-Schulz). Cabe señalar que en dibujo, ya sea creativo o proyectual, no existen divisiones radicales entre sus distintos niveles de representación, expresión o comunicación. Todo dibujo expresa, comunica y representa.

Tradicionalmente, la asignatura de dibujo ha seguido un sistema de evaluación basado en la evolución del alumno en la adquisición de habilidades gráficas y mantiene la filosofía de la evaluación con el nuevo plan de estudios. Es decir, el aprendizaje es progresivo y se basa en el desarrollo de trabajos prácticos, que van aumentando el nivel de complejidad a medida que avanza el curso. Según el tipo de actividad, el alumno trabaja en clase asistido por el profesor, de manera autónoma, y de forma mixta cuando se

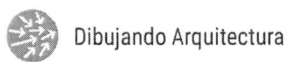

inician en el aula y se completan fuera de ella. En todos los casos, el alumno obtiene información suficiente para valorar su proceso de aprendizaje, mediante evaluaciones parciales de cada uno de los ejercicios, que se sustancia tanto en forma de correcciones públicas de "errores comunes", como en las anotaciones que se realizan sobre las láminas, en la asistencia a las tutorías y, por supuesto, en el seguimiento del trabajo del día a día en el aula, que es personal. De este modo, el profesorado dispone de información suficiente para valorar la evolución de cada alumno en su proceso de aprendizaje y su nivel de adquisición de las habilidades y los conocimientos.

Los trabajos reglados que el alumno presenta, y que se han consensuado con todos los grupos de la asignatura y demás asignaturas de la materia, se acompañan de un bloc de trabajo, donde muestra las tareas realizadas. En él se encuentran los primeros bocetos, las correcciones, las pruebas previas y cualquier otra experimentación plástica que haya desarrollado a lo largo del curso. Este instrumento ha resultado muy útil para evaluar la trayectoria y el esfuerzo personal del alumno.

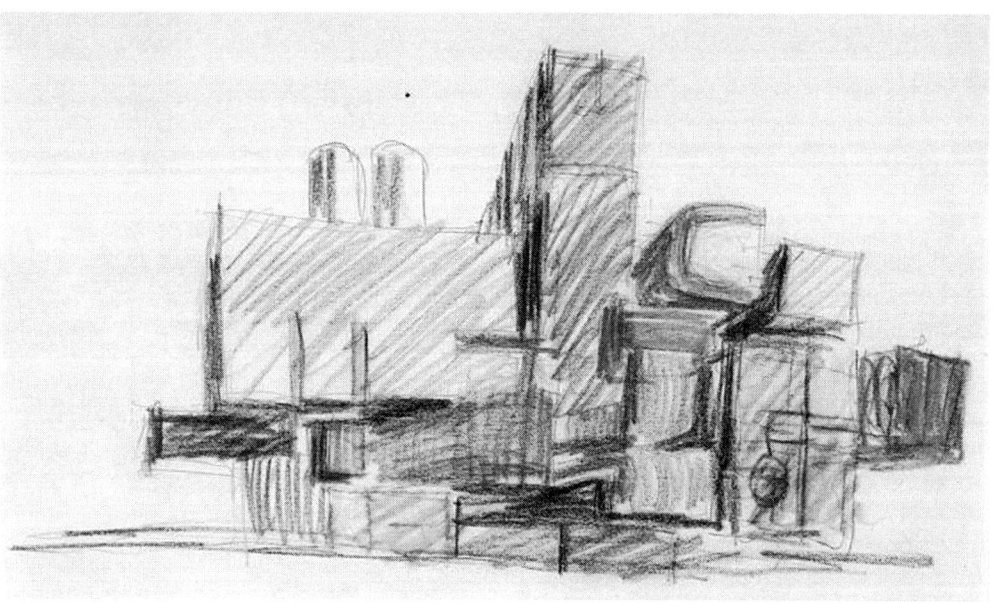

14. Hans HOLLEIN. Boceto a lápices de colores de un estudio de viviendas.

Metodología pedagógica

El curso bascula entre los contenidos conceptuales, los objetuales y el lenguaje gráfico. Los conceptuales se desarrollan en el propio cuerpo teórico de la asignatura y tratan de los instrumentos analíticos de conceptos universales para abordar el análisis de las formas de la arquitectura.

Los objetuales tratan de los modelos. En una primera fase, se utilizan arquitecturas urbanas para introducir al alumno en el conocimiento espacial de la arquitectura; posteriormente, se aborda el análisis de ejemplares arquitectónicos del movimiento moderno, idóneos para aplicar la metodología de análisis.

Asimismo, a lo largo del curso se va desarrollando el aprendizaje del lenguaje gráfico, explorando las técnicas gráficas y las habilidades que requiere el dibujo para la expresión, la ideación o la representación de la arquitectura.

La adquisición de estos objetivos no es lineal sino acumulativa, dado el carácter docente de la materia, en que el alumno va progresando a medida que va adquiriendo el lenguaje gráfico y el conocimiento de la arquitectura, que no es la suma heterogénea de un conjunto de experiencias, sino parte de todo un proceso reflexivo escalonado que le permitirá conocer el objeto arquitectónico puesto en análisis.

La mecánica docente se organiza en torno al programa teórico-práctico que se desarrolla en las semanas lectivas del curso. A lo largo de este, y coincidiendo con cada bloque, se efectúan controles y exámenes parciales. En las clases teóricas, se presentan los enunciados, que explican los conceptos, los objetivos y el lenguaje más idóneo para el discurso gráfico con que abordar los ejercicios propuestos en cada enunciado, y también contienen información gráfica y conceptual complementaria del edificio, del arquitecto y de la arquitectura propuesta para el análisis.

La evaluación es permanente y constituye un elemento idóneo para que el alumno tome conciencia del carácter de experiencia continua y evolutiva propia de la asignatura, al tiempo que es consciente de su progresión, que también es objeto de evaluación en sí, pues los aprobados lo son por curso. Existe, además, un examen final de recuperación.

Las competencias que tendrá el alumno al completar la asignatura se clasifican en indispensables, necesarias y convenientes, en función de su relevancia: las indispensables solo son cubiertas por la asignatura y no se van a reforzar en el resto de asignaturas de la titulación, mientras que las necesarias y las convenientes se seguirán trabajando en otras asignaturas.

En definitiva, las competencias indican los objetivos de la asignatura.

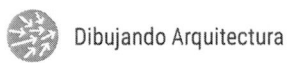

La propuesta pedagógica

Ante la limitación de los métodos miméticos de la representación del método positivista, se hace necesaria una regeneración en la enseñanza a partir del análisis de los procesos de creación no limitados a las formas sino que represente y desarrolle la generación de las mismas, a la sensibilidad artística y a la arquitectónica.

Se desarrollan tareas basadas en los fundamentos teóricos de las vanguardias artísticas de principios del siglo xx y sus derivadas postmodernas de mediados y finales de siglo, como las implicaciones de los procesos de generación y creación del arte y la arquitectura, más allá de los fundamentos meramente formales.

Partimos de la clasificación que propone el arquitecto Josep M. Montaner, que organiza las formas en torno a una serie de conceptos abiertos y no excluyentes, que aproximadamente corresponden con la evolución cronológica de la arquitectura moderna y contemporánea. A saber: las formas de la naturaleza, las formas de la espontaneidad y el subconsciente, las formas de la abstracción, las formas de la razón, las formas de la realidad, las formas de la significación, las formas de la crítica y la utopía, las formas mínimas y las formas de la fragmentación.

La implementación de estas teorías se realizará de forma teórico-práctica en las sesiones teóricas en el aula y a través de los ejercicios definidos en cada cuatrimestre.

Por tanto, se entiende que estos conceptos se aplicarán de forma progresiva y evolutiva, para que el alumnado pueda desarrollar sus habilidades manuales, al tiempo que explora los conocimientos teóricos que sustentan la asignatura de Dibujo.

Así pues, resulta necesario dotar estas praxis de unas referencias arquitectónicas claras como apoyo contextual a la teoría aplicada y a los ejercicios que se piden.

El aprendizaje consiguiente trata de proporcionar al alumnado un nuevo lenguaje que le permita elaborar, mediante la representación arquitectónica, un discurso proyectual adecuado a la arquitectura que intenta explicar y desarrollar.

Durante el aprendizaje de la carrera, en paralelo a la adquisición de estas habilidades gráficas, el alumno, podrá ejercitar y hacer evolucionar su lenguaje gráfico al mismo tiempo que su propio proceso proyectual.

El desarrollo y el aprendizaje de esta asignatura servirán como base para la creación de un lenguaje personal que el alumno podrá transformar e implementar a lo largo de la carrera y de toda su vida profesional, y que será una base posible para el desarrollo de su propio discurso formal.

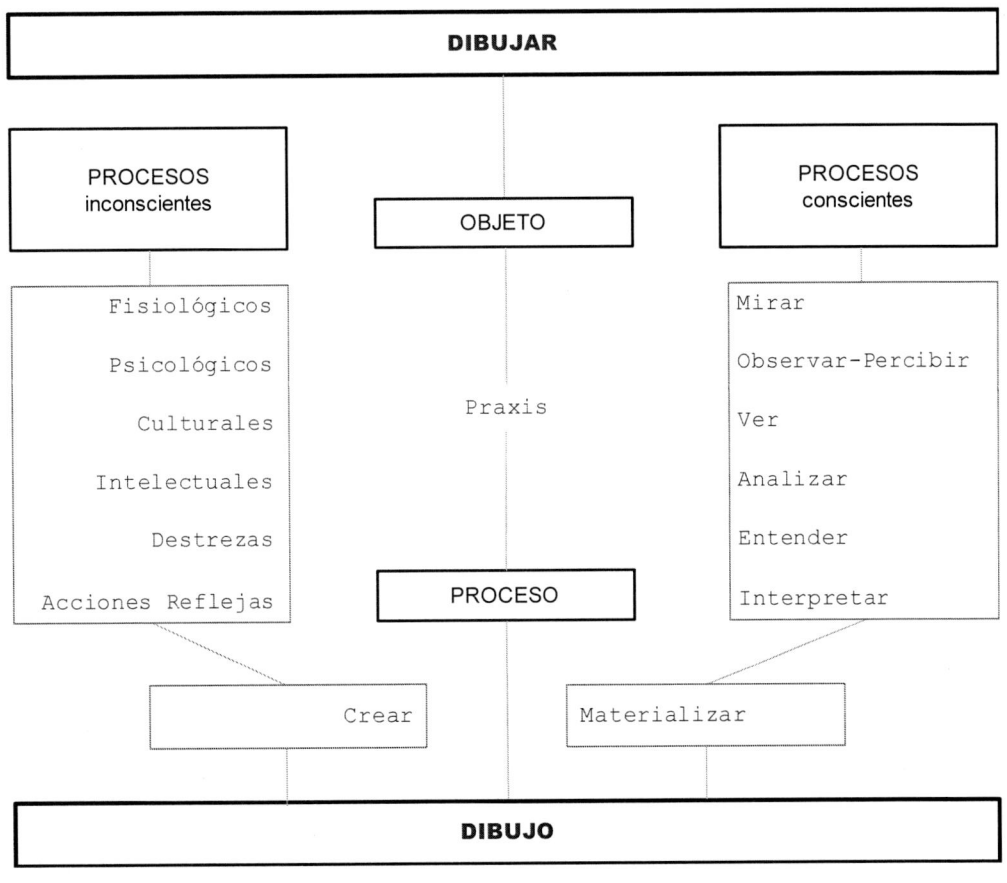

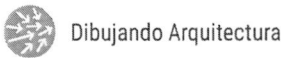

Estructura docente del curso

El curso se estructura en dos partes. En la primera, los ejercicios se focalizan en aprender a mirar elementos básicos de la arquitectura de objetos comunes y espacios sencillos para practicar los tipos básicos de representación: bidimensionales (sistema acotado y diédrico) y tridimensionales (axonometría, bocetos cónicos con un punto de fuga y dos puntos de fuga), encajes geométricos, los cánones y módulos de proporción, la representación sintética de la figura humana y su relación de proporción con el entorno que la rodea. El estudiante adquirirá el aprendizaje de la intención y la calidad de las líneas en el trazo y la rotulación manual, con el uso progresivo de las técnicas de dibujo lineal, con la técnica gráfica de los lápices de grafito, aplicando diferentes durezas y espesores. En la segunda parte, se introducen casos de estudio de espacios de complejidad creciente, como exteriores, semiexteriores o espacios urbanos, con los elementos de vegetación y mobiliario que los acompañan, siempre incluyendo la figura humana. Se amplían los tipos de representación para que el aprendiz profundice en la representación de la arquitectura y su vocabulario gráfico, como la cónica con dos puntos de fuga o la combinación del sistema diédrico y cónico con la sección fugada. También se practica la incorporación de elementos volumétricos no existentes en el espacio. El aprendiz deberá lograr autonomía propia y sentido crítico para seleccionar la forma más adecuada de representar los diferentes espacios arquitectónicos, buscando un estilo propio, y adquirir gradualmente la capacitación suficiente para representar gráficamente trabajos de otras asignaturas como base de proyectos. Se amplían los tipos de técnicas gráficas, como la tinta, la acuarela, las texturas o el fotomontaje, con sus formatos y soportes.

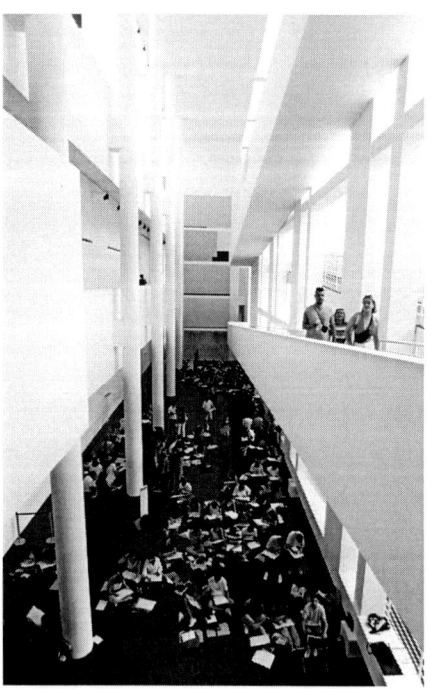

15. Examen de Dibujo II. MACBA, 2021-2022.

Objetivos

Introducir al alumno en los usos y las funciones de la representación gráfica arquitectónica.

Exponer al alumno los usos gráficos del análisis formal, estableciendo la metodología gráfica de análisis para conocer y valorar la estructura formal del objeto mediante el empleo del lenguaje gráfico.

Dotar al alumno de las destrezas gráficas necesarias para el desarrollo de las tareas de análisis formal que componen el desarrollo de la docencia de la asignatura.

Programa

Introducción a la expresión gráfica arquitectónica Percepción y representación

- El dibujo como medio de representación.
- El dibujo como medio de conocimiento.
- El dibujo como medio de análisis.
- El dibujo como vía de información.
- El dibujo como proceso de diseño.
- El dibujo como objetivo en sí mismo y como mediación creativa.
- La educación visual: percepción y sensibilidad. Aprender a ver.
- La representación icónica.
- El modelo y los niveles de representación.
- Qué se representa y cómo se representa.
- La analogía y la abstracción formal.
- La interpretación gráfica.
- Técnicas y procedimientos para desarrollar el lenguaje gráfico.

Metodología del dibujo y la representación

- La organización formal del modelo y su interpretación.
- La organización formal del modelo para su análisis.
- La representación y los niveles de análisis.
- La forma, la estructura, la articulación, situación espacial.
- Los espacios configurados, figura-fondo.
- Las relaciones entre los elementos conformadores y de ellos con el todo.
- Técnicas, procedimientos y cualidades de los instrumentos gráficos.

Representación de la arquitectura

- Análisis formal.
- El modelo y su contexto.

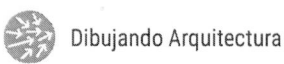

- La escala.
- La situación.
- El apunte como primera tentativa.
- El análisis como medio de comprensión del modelo.
- La representación.
- Los sistemas y la técnica. El lenguaje gráfico.

Relaciones del modelo arquitectónico con el contexto urbano y Modelos de la ciudad

- El plano urbano.
- Morfología de la trama urbana, la calle, la plaza.
- Las relaciones de las distintas arquitecturas con la trama urbana .
- La escala.
- La perspectiva visual.
- El perfil urbano.
- Las relaciones generales entre los elementos del contexto.
- Los hitos urbanos como elementos relevantes.
- La arquitectura histórica como texto de estudio y caracterizador de la ciudad.

Análisis de arquitecturas ejemplares por el medio gráfico

- El organismo arquitectónico.
- El concepto de forma.
- El Concepto de espacio.
- Categorías formales: Masa, espacio y superficie.
- Variables definidoras del análisis morfológico.
- Las características geométricas: la relación con los sólidos elementales.
- Las características dimensionales: el tamaño, la escala y las proporciones.
- Las características espaciales: la situación y la orientación con respecto a distintos planos de referencia .

Elementos del organismo arquitectónico

- Elementos formales, estructurales y espaciales.
- Elementos de vinculación con el contexto.
- Elementos articuladores de las partes componentes.
- Elementos de relación interior-exterior.
- Elementos de relaciones verticales.

Metodología de análisis

- Arquitectura, forma y composición. Análisis de los sistemas de organización formal.
- Arquitectura y espacio. Análisis de las implicaciones volumétricas, relación composición-función-forma, resultado espacial.

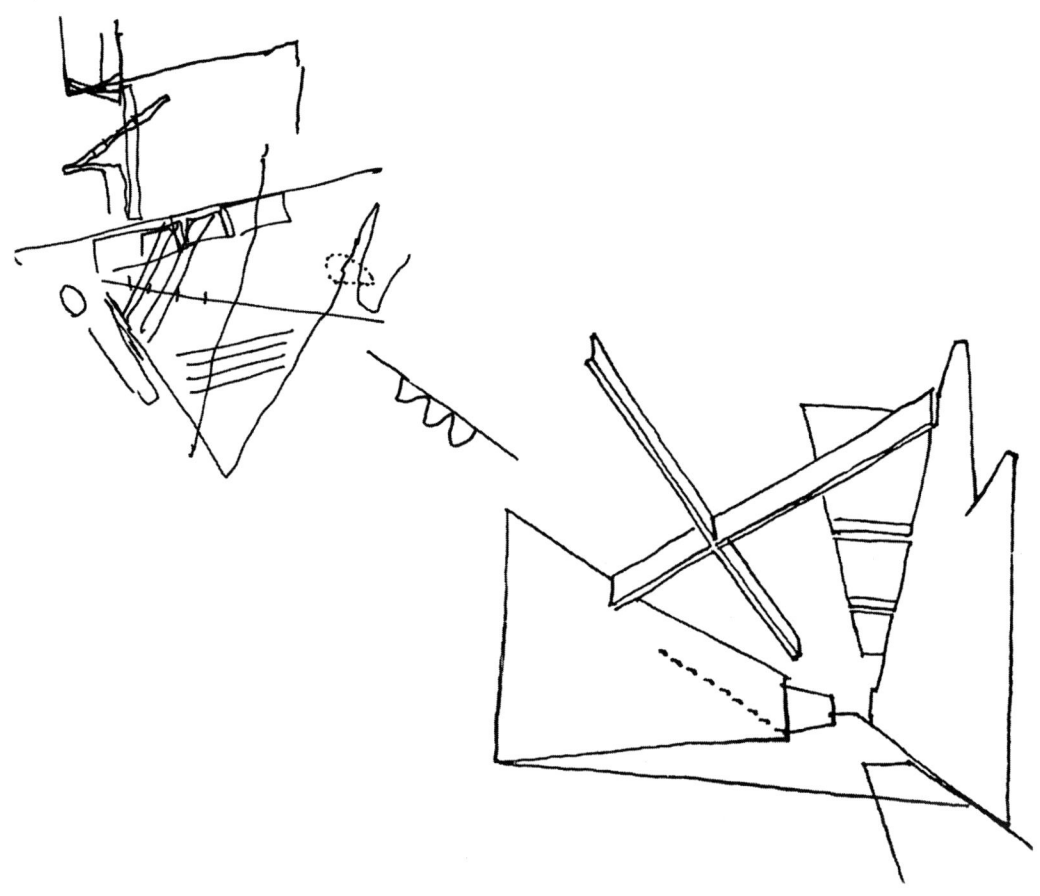

16 y 17. Enric Miralles, bocetos para el cementerio de Igualada, 1986.

"En el proceso creativo, la tercera dimensión solo está en la mente de quien la vislumbra.

La arquitectura necesita la gráfica para expresarse. Unos arquitectos utilizan el dibujo como medio necesario de representación, otros trasmiten ya en sus bocetos la fuerza creativa, la sensibilidad y la emoción que después nos producirá el volumen, el espacio habitable: la arquitectura."[2]

Enric Miralles

2. MIRALLES, E. Entrevista con Enric Miralles por Fredy Massad. "La arquitectura como sentimiento". *Revista Summa* +, núm. 30, pp. 90-95. Argentina, 1998.

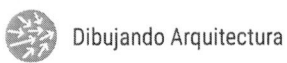
Evaluación

Criterios de evaluación

El proceso de evaluación es continuo y se realiza mediante el seguimiento de las clases y calificaciones orientativas para cada uno de los ejercicios realizados, presenciales y no presenciales. En paralelo, se evalúa el bloque de apuntes, que es común con la asignatura de Proyectos. El método de calificación sigue una secuencia que valora la consecución de las competencias, más que la mera suma de las calificaciones parciales.

A lo largo del cuatrimestre, se realizan dos ejercicios resumen de control. El conjunto de ejercicios presenciales y no presenciales realizados hasta el ejercicio resumen de la primera parte (semana 7) representa el 30% de la nota y los demás ejercicios hasta el control de la segunda parte (semana 12), el 70% restante.

- Evaluación Final:

    Los estudiantes que no hayan entregado al menos el 80% de los trabajos presenciales y no presenciales o que no hayan superado la evaluación continua tendrán la opción de presentarse al examen final (al cual también podrán presentarse los estudiantes que quieran subir la nota de la evaluación continua). Se garantizará que la nota final sea, como mínimo, la calificación obtenida en la evaluación continua.

- Evaluación Extraordinaria:

    Los estudiantes que no superen el examen final tendrán la opción de presentarse al de la convocatoria extraordinaria de junio. Los requisitos para presentarse a esta convocatoria son haber superado un mínimo de 12 ECTS en la fase inicial, incluyendo los créditos reconocidos (a consultar en la secretaría académica de la ETSAB). Además, no podrán tenerse asignaturas calificadas como "No presentado".

Sistema de evaluación

Tradicionalmente, la asignatura de Dibujo ha contado con un sistema de evaluación basado en la evolución del alumno en la adquisición de habilidades gráficas. En este sentido, se trata de un sistema de evaluación continua, que mantiene su filosofía con la introducción del nuevo plan de estudios. Es decir, el aprendizaje es progresivo y se basa en el desarrollo de trabajos prácticos que van aumentando el nivel de complejidad a medida que avanza el curso. Según el tipo de actividad, el alumno trabaja en clase asistido por el profesor, de manera autónoma o de forma mixta, cuando los ejercicios se inician en aula y se completan fuera de ella. En todos los casos, el alumno obtiene información suficiente para evaluar su proceso de aprendizaje mediante valoraciones parciales de cada uno de los ejercicios. Esta evaluación se sustancia a través de correcciones públicas de "errores comunes", anotaciones que se realizan sobre las láminas, la asistencia a las tutorías y, por supuesto, el seguimiento del trabajo diario en el aula, que es personal.

De este modo, el profesorado dispone de suficiente información para valorar la evolución de cada alumno en su proceso de aprendizaje y el nivel alcanzado en la adquisición de habilidades y conocimientos. Junto a los trabajos reglados que el alumno presenta, consensuados con todos los grupos de la asignatura y demás asignaturas de la materia, el alumno acompaña un bloc de trabajo, a modo de portafolio, donde muestra las tareas que ha realizado para el trabajo final. En él se incluyen los primeros bocetos, las correcciones, las pruebas previas y cualquier otra experimentación plástica que el alumno haya desarrollado a lo largo del curso con relación a la asignatura. Este instrumento ha demostrado ser muy útil para evaluar la trayectoria del alumno, su esfuerzo personal y el nivel que ha alcanzado en el dibujo de ideación.

Siempre se ha entendido la evaluación como un proceso sujeto a la progresión del programa en el tiempo de que se dispone para su desarrollo, por lo cual la calificación depende de los objetivos alcanzados, sin que el alumno tenga que jugarse su calificación exclusivamente en un "examen", que ha demostrado ser un instrumento de evaluación necesario pero insuficiente para evaluar la adquisición de la destreza de dibujar.

La evaluación se complementa con la realización precisamente de dos exámenes parciales, ubicados al final de cada cuatrimestre, que miden y evalúan los conocimientos adquiridos por cada alumno al final de cada y uno de los dos bloques de los que consta el curso.

La calificación final es una combinación del desarrollo del curso en que se realiza la evaluación continua de los trabajos, complementados con los exámenes cuatrimestrales. Se estiman como requisitos básicos dominar de forma adecuada:

- La proporción del objeto arquitectónico.
- La construcción de las geometrías dibujadas.
- La valoración de la línea.
- La adecuación de la técnica gráfica y expresión.
- La relación de escala (módulo humano).
- El discurso explicativo en relación al proyecto arquitectónico analizado y representado.
- La composición de la información representada.

Dibujo I

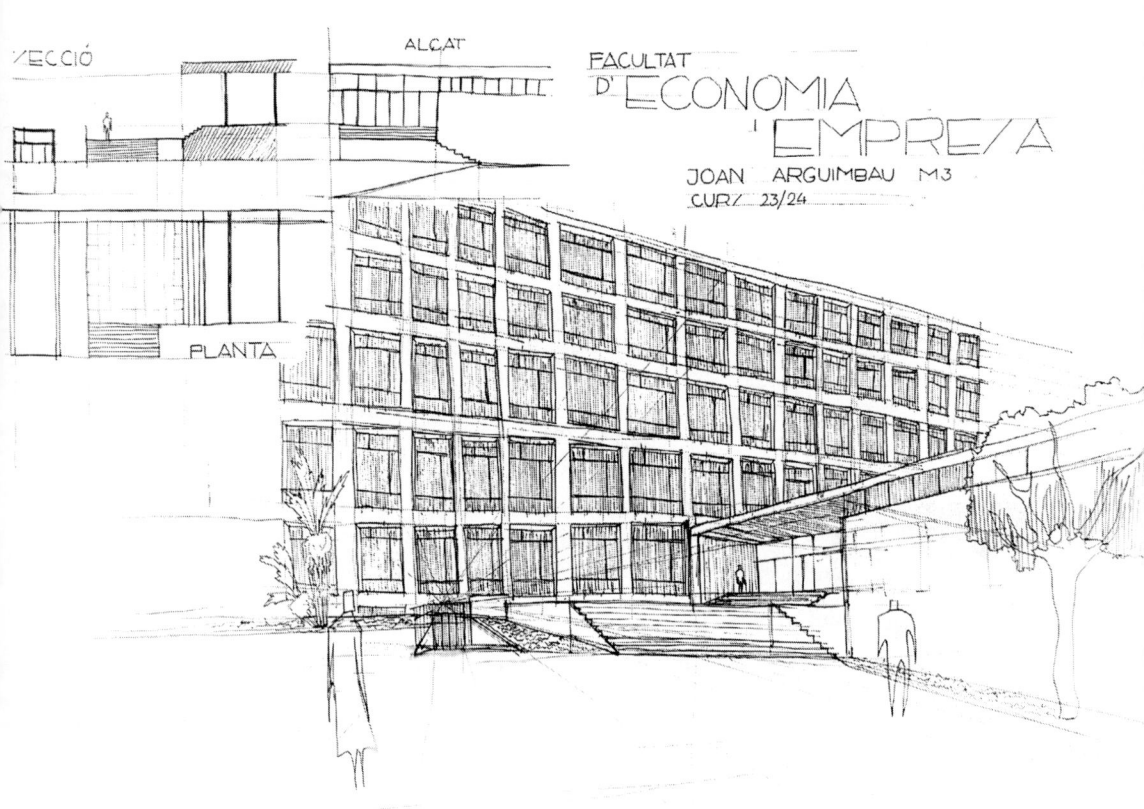

SECCIÓ ALÇAT FACULTAT
D'ECONOMIA
I EMPRESA
JOAN ARGUIMBAU M3
CURZ 23/24

PLANTA

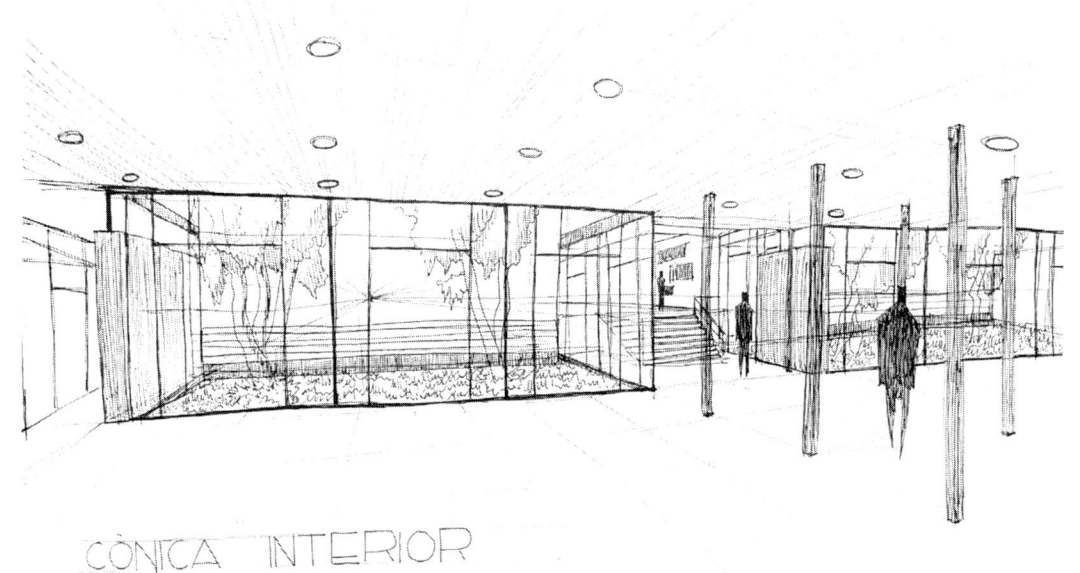

CÒNICA INTERIOR
FACULTAT DE DRET

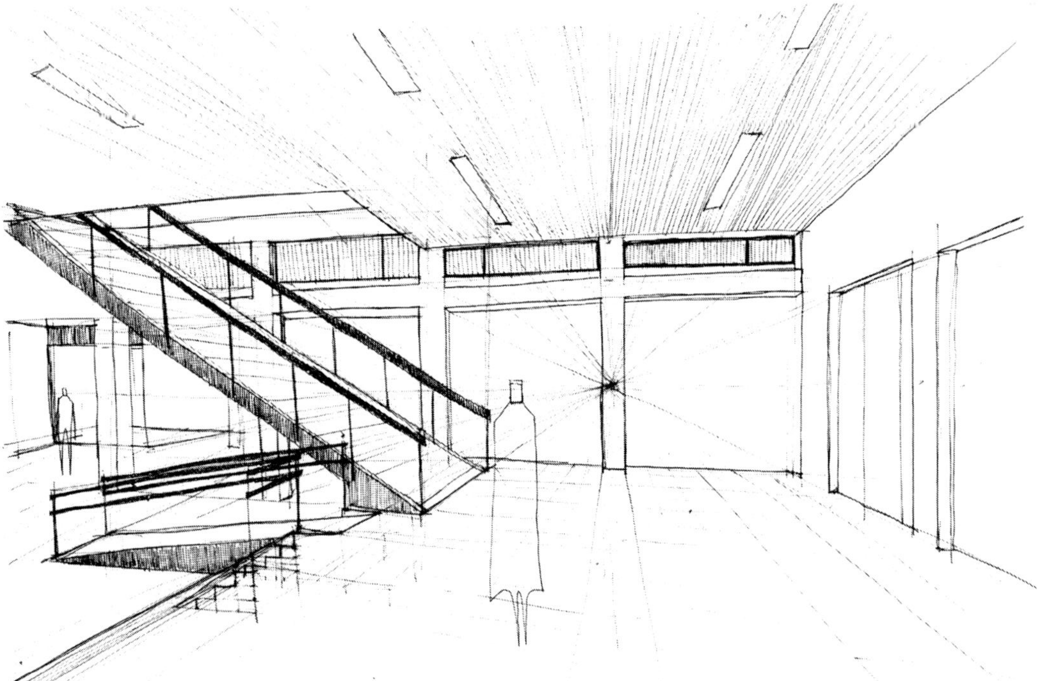

4
Conceptos teoricos de aplicación

"Si no puedo dibujarlo, es que no lo entiendo"

Pascual Bendicho

El dibujo es un medio de comunicación que todos practicamos alguna vez en la vida. Los críos utilizan el lenguaje del dibujo con total libertad, a menudo de un modo más eficaz que la palabra.

Dibujar es analizar, observar e interpretar. Aprender a ver y entender las cosas que nos rodean.

La pregunta no es cuándo empezamos a dibujar, sino en qué momento lo abandonan quienes ya no dibujan.

Mi tarea como docente en los últimos cinco años ha consistido en entusiasmar a los estudiantes a disfrutar del dibujo. En muchos casos, a recuperar el hábito. Invitarlos a descubrir todo aquello que pueden explicar e imaginar, construir o modificar.

A través del dibujo a mano alzada, trabajar y desarrollar la capacidad analítica de observación. Entender por qué las cosas están hechas de un modo y no de otro. Y, en cuanto entendemos cómo están hechas, aprender a explicarlas. Transmitir el rigor en la proporción; dimensionar todo aquello que nos rodea; descubrir las relaciones que se establecen entre la parte y el todo.

El croquis como herramienta descriptiva y analítica. La sección como representación abstracta que permite ver el interior de lo que no resulta obvio desde el exterior. El esbozo como representación en tres dimensiones donde podemos destacar lo más relevante de lo que queremos explicar. La figura humana como unidad de medida. El concepto de escala.

Como decía José Antonio Coderch: "Es preciso conocer al máximo los problemas de nuestro tiempo, pero también las necesidades esenciales del hombre, que no han cambiado, pues el hombre es nuestra principal unidad de medida."

La relación con la figura humana es esencial. La arquitectura gira en torno al ser humano. Dibujar desde el objeto más cotidiano hasta un edificio entero o un fragmento de ciudad. Cada dibujo cuenta algo distinto y nos aproxima a diferentes dimensiones de nuestro oficio.

En definitiva, establecemos las bases de un aprendizaje que se prolongará más allá del ámbito universitario y que se consolidará a fuego lento en el día a día del ejercicio de la profesión arquitectónica.

"Educación es lo que queda después de olvidar lo que se ha aprendido en la escuela".
Albert Einstein

Los mecanismos gráficos de la representación

El proceso de aprendizaje del dibujo en el ámbito arquitectónico implica una serie de etapas fundamentales, que van más allá de la mera adquisición de habilidades técnicas. En primer lugar, se destaca la importancia del dibujo de calle o dibujo del natural, en que el estudiante se enfrenta directamente a la representación de estructuras arquitectónicas en su entorno físico. Este ejercicio no se limita a una reproducción fiel de lo observado, sino que busca comprender el objeto arquitectónico en su contexto, considerando aspectos como la escala y las relaciones visuales y materiales, así como la interacción del espectador con la arquitectura.

En palabras de Rafael Moneo, "el dibujo es la forma de pensar del arquitecto". Aprender exclusivamente las técnicas gráficas resulta inútil para nuestro oficio; hemos de comprender el objeto representado y su inserción en el medio para que el acto de dibujar sea una forma de pensamiento que nos sirva para el posterior proceso proyectual.

Este proceso de dibujo en la calle no solo implica una actividad visual, sino que también promueve una forma diferente de mirar y percibir el entorno. Se propone una "mirada intelectiva", que va más allá de la simple observación sensorial y conlleva una intención reflexiva y una búsqueda intelectual. Este enfoque invita al estudiante a analizar y comprender el entorno con el fin de representarlo de manera significativa, sin que la destreza manual sea el único objetivo.

En el ámbito educativo, este enfoque se refleja en la asignatura de Dibujo, especialmente en su primer año de formación. Después de un período inicial dedicado al dibujo del natural, en que se fomenta la capacidad analítica del estudiante respecto a lo visual, se procede a abordar el análisis arquitectónico de un modo más profundo. Este análisis se lleva a cabo de manera secuencial, permitiendo una aproximación gradual a la comprensión integral de la construcción arquitectónica.

El proceso de análisis propuesto abarca diferentes aspectos, comenzando por el análisis del entorno para luego explorar la forma, la función y el espacio generados por la arquitectura. Esta metodología busca sistematizar el conocimiento del objeto arquitectónico, para proporcionar al estudiante una introducción estructurada al mundo de la arquitectura.

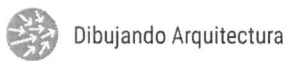

El trabajo de los alumnos de esta asignatura se documenta a través de diversas estrategias gráficas, que ofrecen una visión de las diferentes aproximaciones analíticas a la relación entre el entorno y la arquitectura. Estas estrategias proporcionan pistas sobre cómo abordar el dibujo analítico en toda su complejidad, integrando los aspectos técnicos y conceptuales, para lograr una representación significativa del objeto arquitectónico en su contexto.

El apunte

El dibujo de apunte consiste en una representación rápida y esquemática, a mano alzada, de un objeto o modelo, normalmente real. Este tipo de dibujo suele servir como etapa inicial antes de elaborar la obra más acabada o como un medio para explorar y definir minuciosamente el objeto en cuestión. Sin embargo, el apunte también puede tener valor arquitectónico por sí mismo.

Durante esta fase, se busca expresar de manera general la forma y el volumen del objeto. En ocasiones, se pueden utilizar estos apuntes para concentrarse en partes específicas del objeto y desarrollar cada una de ellas por separado.

El proceso de realizar un apunte implica plasmar al instante las sensaciones y las percepciones del modelo, sin preocuparse demasiado por sus medidas exactas o precisiones, pero manteniendo una relación de escala adecuada. Ello puede dar como resultado un dibujo menos preciso, pero más espontáneo y expresivo, mientras se mejora la destreza visual.

Se pueden emplear diversas técnicas y materiales, como lápiz, carboncillo o tinta, para realizar apuntes. Al hacerlos, es importante tener en cuenta tres objetivos:

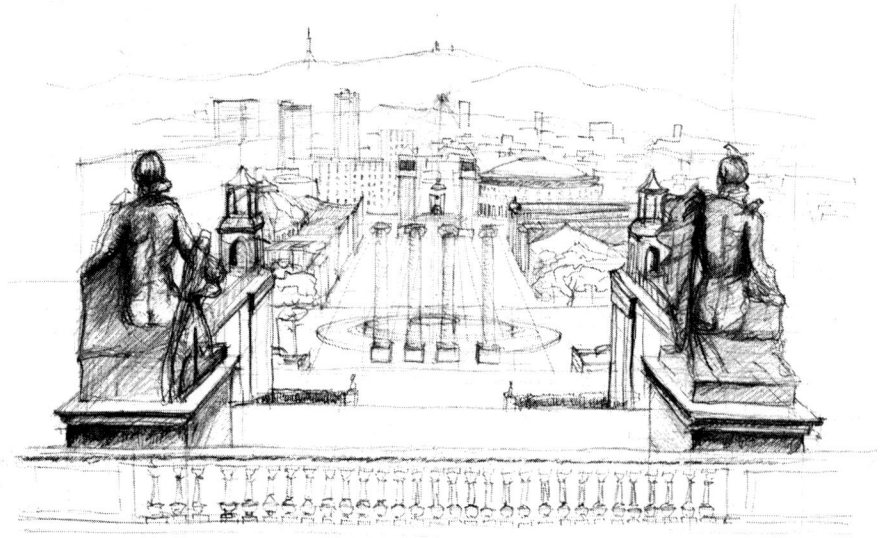

18

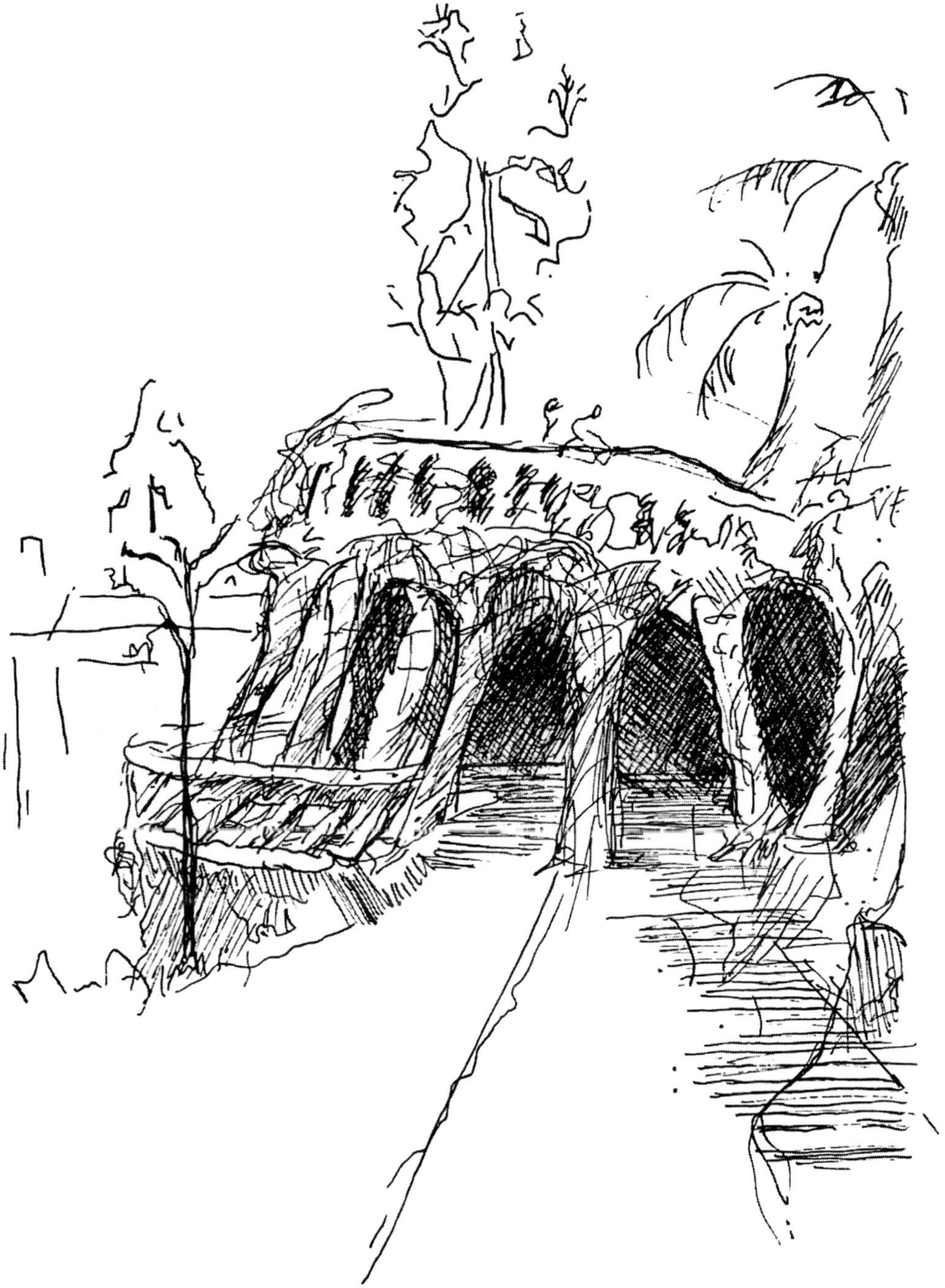

18. Miroslav ŠLÉZAR. Prof. Salvador Gilabert, 2022.
19. Laia FURRIOLA. Park Güell. Prof. M. Teresa Díaz, 2022.

19

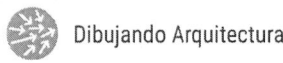

1. Síntesis de la imagen. Se enfoca en capturar los rasgos esenciales del objeto o la idea que se quiere representar.

2. Expresividad y fluidez del trazo. Se busca utilizar líneas y manchas con soltura y agilidad para transmitir la esencia del objeto.

3. Coherencia del dibujo. Se procura capturar de forma global la imagen deseada, manteniendo la coherencia en la representación.

El Boceto

Con los bocetos a mano alzada, se pueden representar de manera rápida ideas o conceptos que no necesariamente existen en el mundo físico, ya sea en forma bidimensional o tridimensional. Estos bocetos pueden formar parte del proceso creativo y permiten el desarrollo progresivo y el refinamiento de una idea a medida que se generan múltiples representaciones gráficas.

Los bocetos sirven como punto de partida para la materialización de ideas en el mundo concreto, facilitan la toma de decisiones y avanzan en la resolución de las diferentes etapas del dibujo. Los principios de composición y jerarquía se pueden aplicar para desarrollar proyectos de manera más completa y compleja, prescindiendo de la precisión característica de los croquis acotados.

Dentro del proceso de trabajo, se pueden emplear varios tipos de bocetos en distintas etapas o ejercicios a lo largo del curso.

1. **Boceto rápido**
   Representa la primera idea visualizada en la mente, sin un contenido técnico detallado. Su propósito es plasmar las ideas generales sobre el trabajo por desarrollar.
   Es uno de los tipos de boceto que se utiliza como base de los proyectos en que vamos a trabajar después. El boceto rápido establece las pautas que deberemos tener en cuenta cuando pasemos a las etapas siguientes de diseño y utilicemos algunos tipos de bocetos más elaborados.

2. **Boceto comprensivo o funcional**
   Se trata de un dibujo rápido que busca hacer más comprensible la representación prestando más atención a los detalles y a la calidad de ejecución. Este tipo de boceto tiene como objetivo proporcionar mayor precisión y delimitar cada parte de la representación.
   Es decir, en el boceto comprensivo la idea deja de ser comprensible solo para su autor y pasa a tener más sentido para otras personas que puedan formar parte del proyecto.

3. **Boceto conceptual o teórico**

Conocido en inglés como conceptual drawing, este tipo de boceto es fundamental en el proceso creativo de la arquitectura. Puede incluir esquemas iniciales en planta o sección, así como volúmenes generales, y representa una etapa temprana en la definición de la obra. En estos bocetos, pueden comenzar a aparecer detalles técnicos y soluciones constructivas preliminares.

Este es uno de los tipos de bocetos en que pueden aparecer los primeros detalles técnicos de explicación o desarrollo. En ellos se pueden definir las soluciones a algunos problemas del objeto que comienza a materializarse en lo concreto, y se establecen algunas pautas sobre los métodos de construcción.

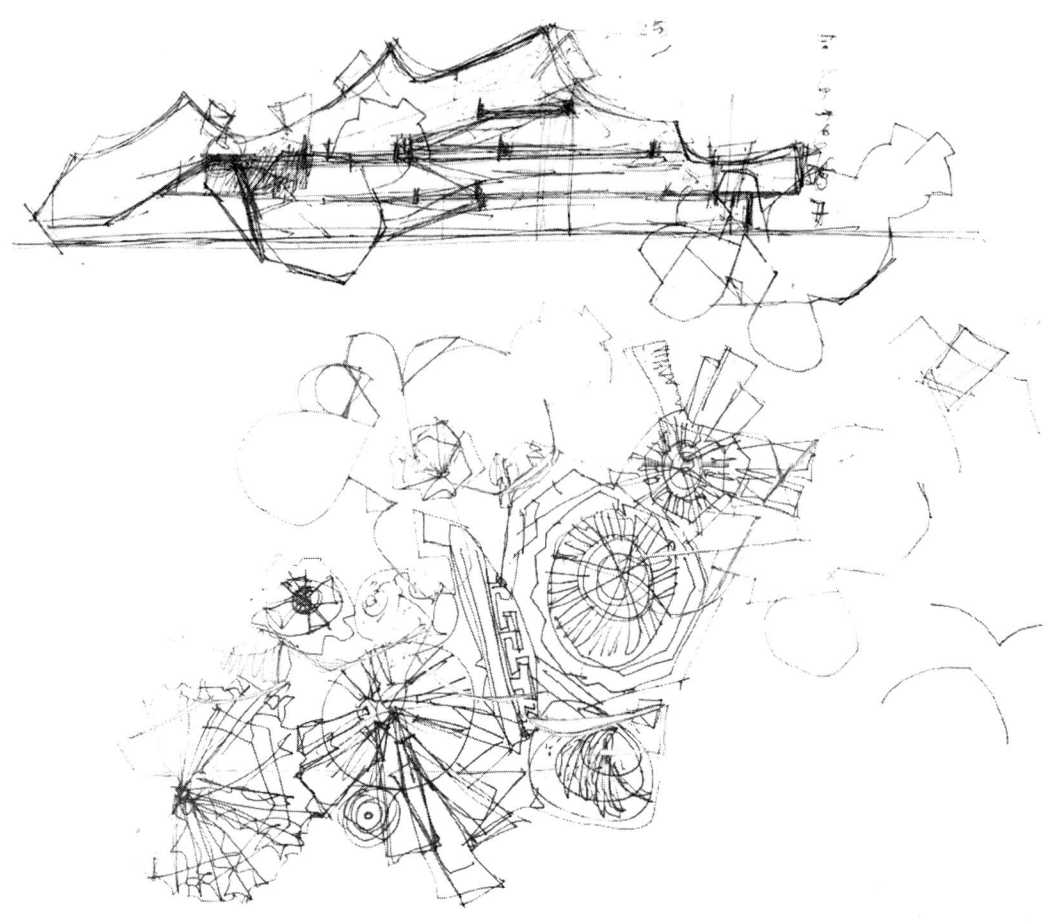

20. Salvador Gilabert. Boceto para la biblioteca de Ningbo. 2013.

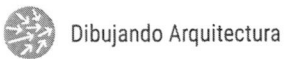

El croquis

El croquis, como dibujo a mano alzada, es una representación del objeto sin la ayuda de plantillas u otros dispositivos de apoyo. Este tipo de dibujo puede incluir indicaciones de medidas para expresar las dimensiones del objeto. Es crucial que el croquis mantenga las proporciones geométricas adecuadas y utilice las líneas apropiadas según la importancia relativa de cada parte del objeto en su conjunto.

Este tipo de dibujo debe contener la información esencial para interpretar los elementos y los materiales del objeto, así como sus proporciones generales y las relaciones entre las partes. Se realiza a mano alzada, empleando líneas simples y limpias, pero con la suficiente definición para representar adecuadamente los elementos. Se utilizan diferentes grosores de líneas para distintos elementos, siguiendo un orden jerárquico.

Los principios de composición y jerarquía pueden aplicarse para desarrollar el proyecto de forma más detallada y compleja. Además, se pueden elaborar varios croquis con diferentes escalas en el mismo plano o composición para explorar diversas ideas o representar el objeto de una manera más detallada.

El croquis también puede servir como medio para capturar ideas de una manera rápida y esquemática, plasmando de forma general las concepciones imaginadas, o simplemente para practicar la técnica del dibujo.

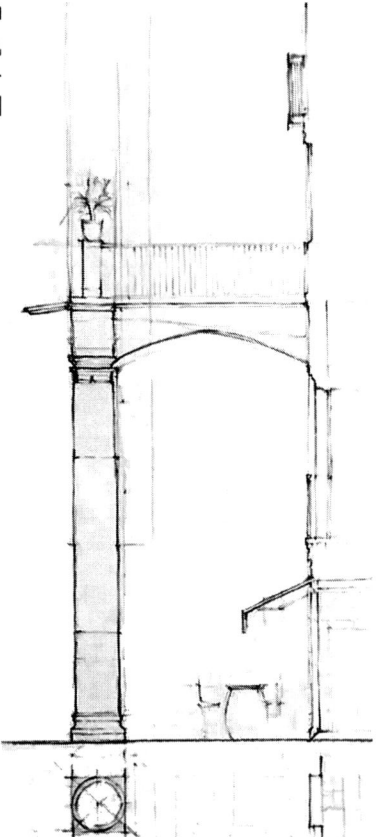

21

21. Croquis de un alumno. Prof. Judit Taberna, 2021.
22. Oliver UNIGWE. Depósito de las aguas. Prof. Héctor Mendoza, 2020.

22

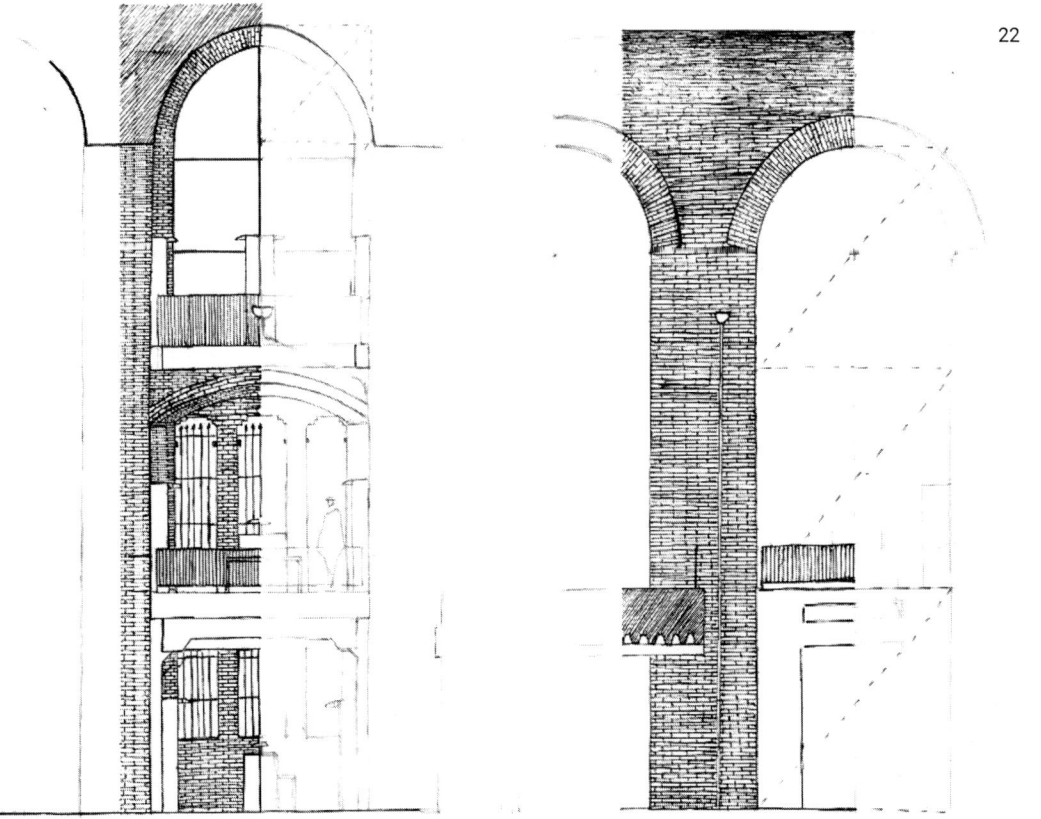

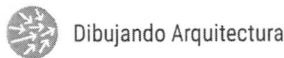

El dibujo de análisis

El dibujo de análisis se centra en realizar una descomposición formal del conjunto arquitectónico, examinando todos los elementos que lo constituyen. Su objetivo primario es comprender la naturaleza de estos elementos y las relaciones que se establecen entre ellos, así como la estructura subyacente que los articula, con el fin de visualizar el conjunto como una totalidad ordenada que sigue unas determinadas leyes preestablecidas. Este proceso revela la geometría de las formas, junto con otros aspectos, como la ordenación, la simetría, la proporción, la situación y el ritmo. En resumen, el dibujo de análisis busca comprender el proceso de configuración formal y las leyes que lo gobiernan.

Christian Norberg-Schulz aborda este enfoque, promoviendo un análisis exhaustivo de la forma arquitectónica, que define en términos de estructura, como un conjunto de elementos y de relaciones que buscan establecer un orden global, para poder reconocer así la forma como una entidad unificada.

La forma arquitectónica, concebida como estructura, va más allá de la simple articulación de elementos mediante relaciones buscando una unidad. Según Carlos Montes, el interés se traslada de la mera identificación de los elementos constituyentes al conocimiento del orden que los conecta y de los principios formativos que guían el proceso de generación de la forma.

23. Miroslav Šlézak. Prof. Salvador Gilabert, 2022.

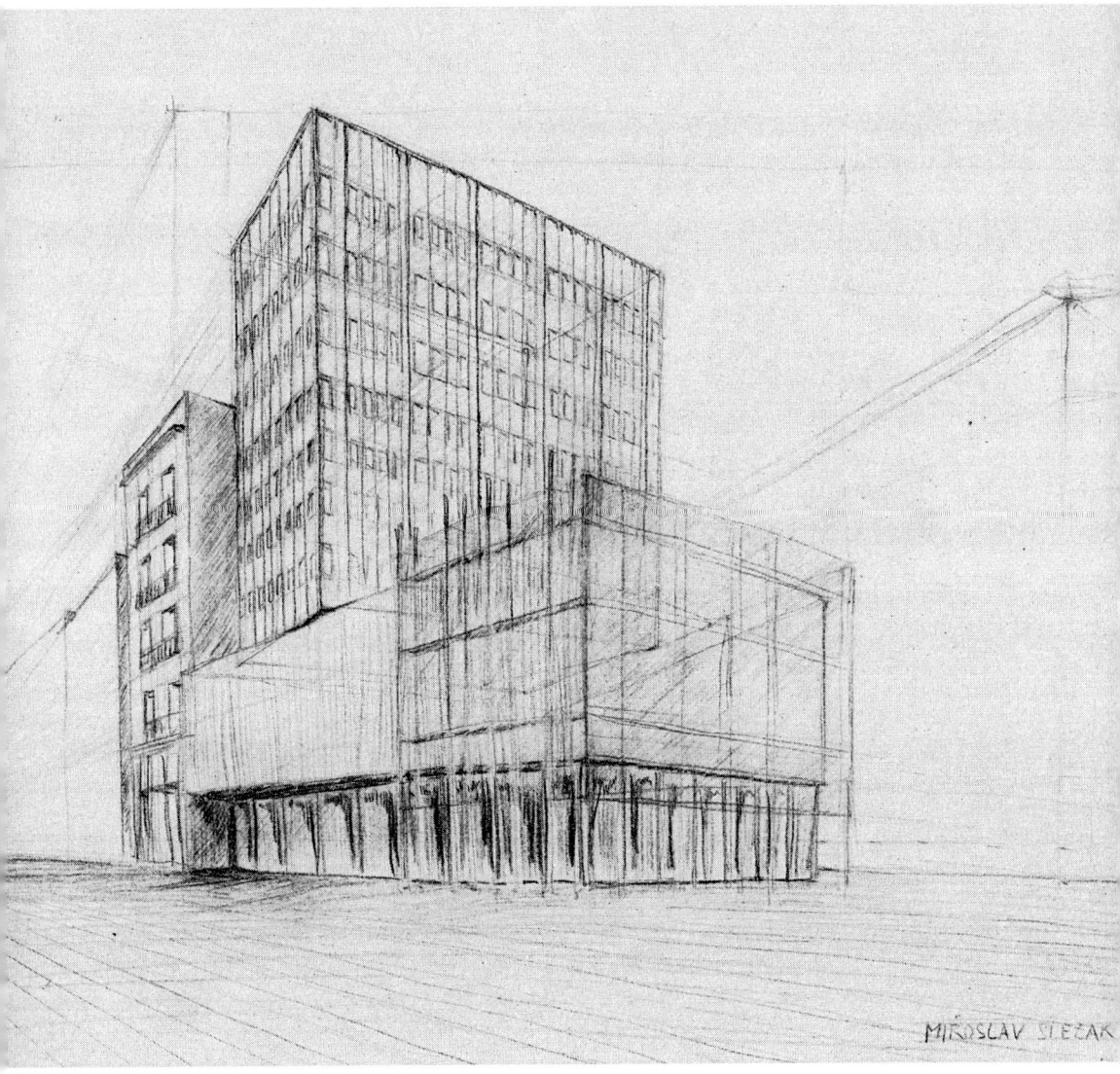

MIROSLAV STEĆAK

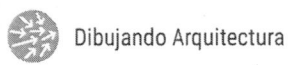

El Dibujo estructural

Salvador Gilabert

Con este tipo de dibujo, se definen las partes intrínsecas que componen el objeto por representar. Se especifica de una manera más técnica el objeto para explicar con claridad la construcción de los volúmenes que lo componen. Esta construcción de las partes ayuda a generar con mayor precisión la envolvente global.

El boceto estructural se utiliza principalmente en arquitectura para dibujar con mayor detalle el proyecto que se pretende construir. También se incluyen datos sobre los componentes que se utilizarán en la construcción arquitectónica.

"Es evidente que los conceptos de estructura, de totalidad formal o de organismo cobran importancia si los analizamos no como pautas de análisis y crítica, sino a partir del proceso formativo de la forma artística. La importancia no está en que la obra final se nos muestre como un organismo complejo o como un todo indisoluble, sino en el cómo se ha llegado a ese resultado formal."[1]

El Dibujo formal

Salvador Gilabert

Con este formato, se presenta la documentación necesaria para la ejecución del proyecto propuesto, que vendrá definido por los dibujos que facilitan la comprensión completa del objeto por construir o materializar. Este dibujo específico detalla el procedimiento para llevar a cabo la construcción o la fabricación de lo diseñado, convirtiéndose en el dibujo final del proyecto. Puede incluir detalles y dimensiones, así como especificaciones y descripciones de los materiales, de los acabados y de los métodos de ensamblaje requeridos.

Para realizar un dibujo formal, es necesario dominar la técnica y tener una comprensión clara de los objetivos del proyecto. Se requiere una planificación detallada para llevar a cabo adecuadamente el proyecto propuesto.

El dibujo, como arte y como materia arquitectónica, implica el dominio de un lenguaje gráfico para analizar y expresar los fenómenos complejos relacionados con la generación de la forma y de los espacios arquitectónicos. Las competencias necesarias incluyen el dominio de tres habilidades gráficas:

1. Dibujo de análisis. Permite examinar en profundidad una arquitectura ya concebida, para comprender su proceso de configuración formal y las leyes que rigen su forma.

---

1. MONTES, C. (1992): *Representación y análisis formal.*

2. Dibujo de procesos. Se refiere a un sistema de representación acumulativo y evolutivo, en que cada dibujo aporta nueva información. Estos dibujos pueden organizarse jerárquicamente o superponerse, o combinar ambos sistemas.

3. Lenguaje gráfico. Consiste en el dominio de las técnicas gráficas, los sistemas de representación y los recursos plásticos que permiten comunicar eficazmente los conceptos arquitectónicos, que constituyen la destreza del dibujo.

Las competencias de la asignatura se centran en estos tres conceptos gráficos: dibujo de análisis, dibujo de procesos y lenguaje gráfico.

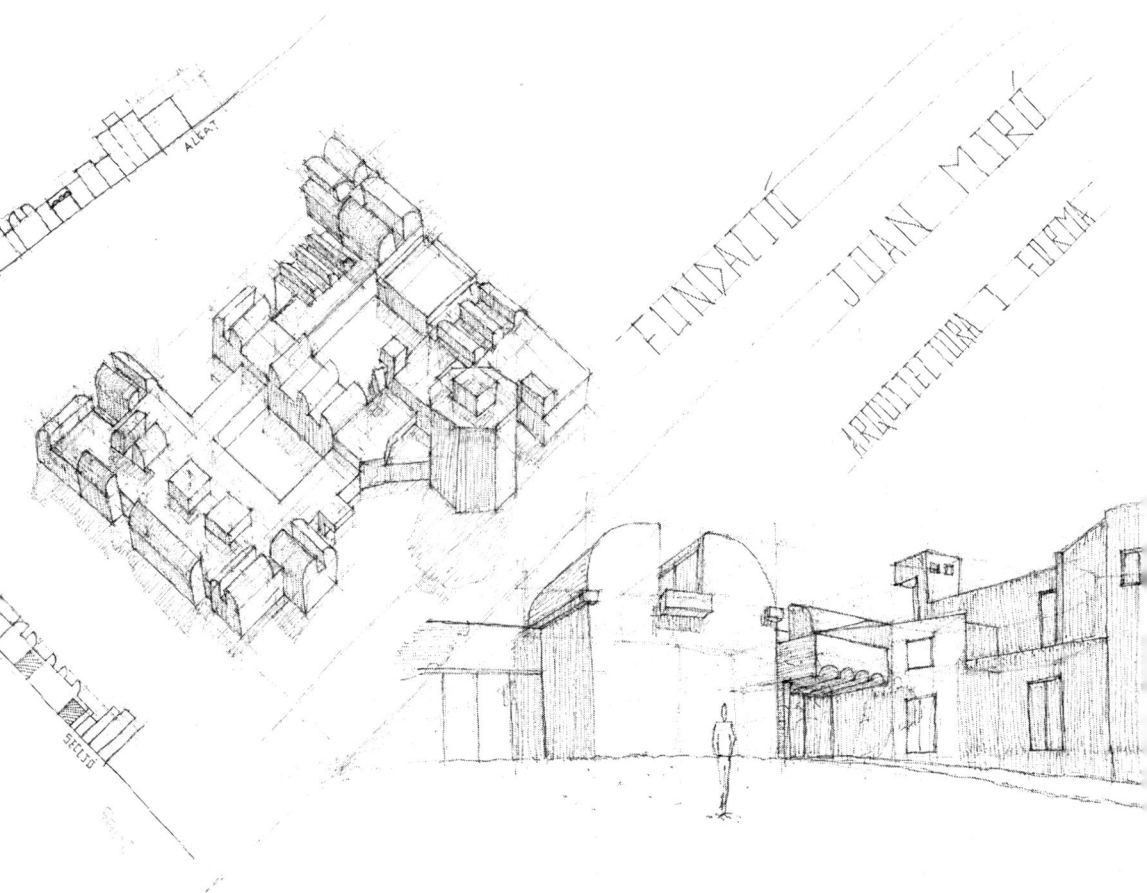

24. Hoda Haghzaf. Prof. Salvador Gilabert, 2022.

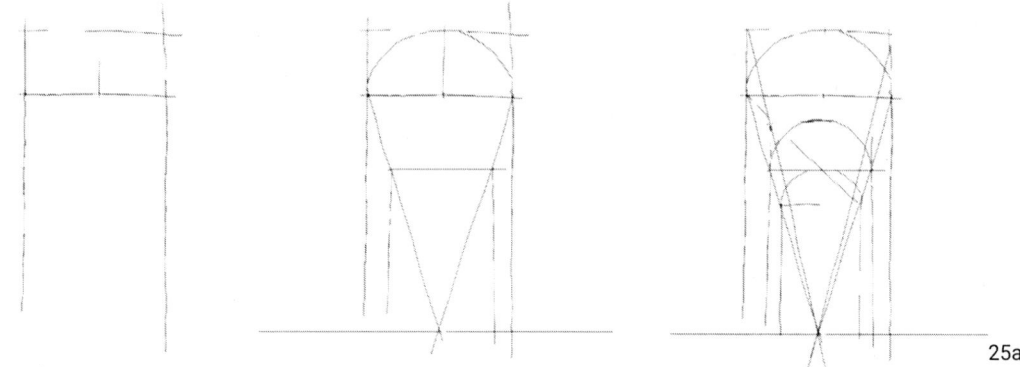

25a

25. Bruno SÈVE. Proceso de dibujo, pautas razonadas y observación. Depósito de Agua de la Ciutadella, 2021.

El dibujo ágil y empoderamiento

Bruno Sève

El dibujo es esencial para explorar nuevas ideas, comunicar nuevos conceptos, crear nuevos conocimientos, diseñar nuevas arquitecturas y transformar nuestro entorno. Más allá de las habilidades básicas de comunicación es un medio para conceptualizar. Permite expresar algo más allá de las palabras. El dibujo, en su sentido más general, es una de las formas básicas de comunicación más antiguas del planeta entre grupos humanos. El primer ejemplo conocido de dibujo tiene 73.000 años de antigüedad (Moreno C., 2021). El dibujo arquitectónico, en cambio, representa la arquitectura, ya sea como elemento arquitectónico o como espacio arquitectónico. Puede expresarse tradicionalmente en planta, alzado, sección, perspectiva o perspectiva axonométrica. El dibujo arquitectónico se ha utilizado durante siglos y se ha ido perfeccionando a lo largo del tiempo, desde el inicio de la planificación de las ciudades y los edificios.

Con la llegada de las nuevas tecnologías, la representación gráfica en arquitectura se ha transformado enormemente. Poderosas innovaciones en *renders*, modelos 3D, dibujos paramétricos y realidad virtual permiten transmitir un aspecto realista y acabado a un diseño primario. En este contexto contemporáneo tan cambiante, se replantea el rol del dibujo a mano alzada y sus objetivos en el ámbito de la arquitectura, no solo como resultado, sino como proceso pedagógico para recuperar su verdadera esencia, como medio y practica de observación analítica y de creación conceptual. La esencia del dibujo arquitectónico a mano alzada no está tanto en el resultado estético, sino en sus posibilidades como proceso de *design thinking* o de comunicación abierta (*Sève et al.*, 2021). El dibujo a mano alzada, incluido el arquitectónico, es una forma básica de comunicación, expresión y razonamiento que debería ser tan importante como el propio lenguaje para los profesionales de la arquitectura. En el proceso educativo de aprendizaje del dibujo arquitectónico, y en la fase inicial de un proyecto, el dibujo a mano permite una comprensión organizada y razonada. Es el medio que utilizan las personas

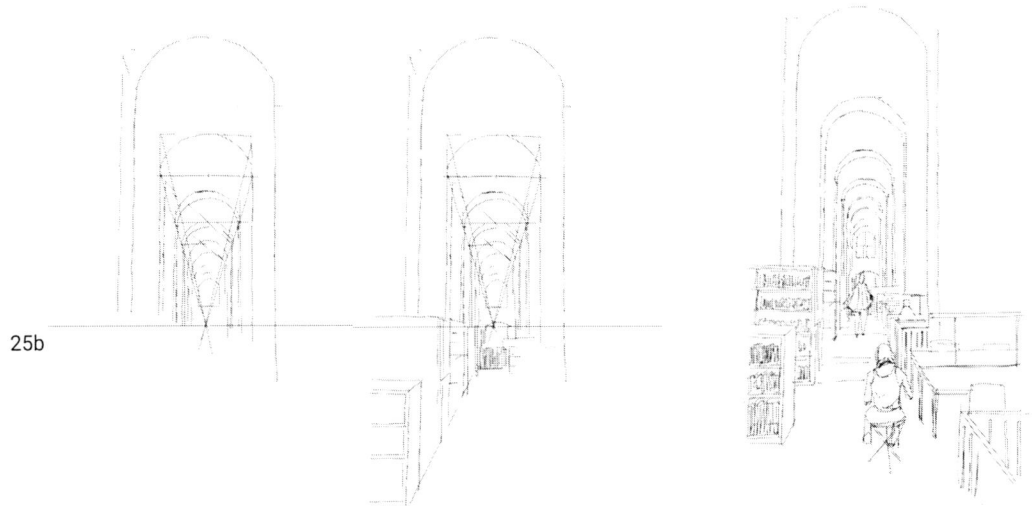

25b

que observan e interpretan conscientemente su entorno o lo diseñan, así como las que dirigen un proyecto de arquitectura o de diseño urbano, que toman decisiones sobre él, escuchan y hablan con las personas implicadas. Es un medio de comunicación participativo y vivo. Esto se puede ilustrar imaginando una reunión en una mesa en que participan otras personas.

Durante esta reunión sobre la transformación del espacio arquitectónico, se presentan una serie de documentos que representan el proyecto. Sin embargo, en algún momento surgen dudas y se piden al arquitecto o a la arquitecta detalles e incluso modificaciones. En esta situación, la capacidad del dibujo a mano alzada es evidente, ya que puede mostrar en directo las modificaciones del proyecto o ayudar a explicar algunos detalles, entre otras ventajas. En este contexto, una arquitecta o un arquitecto muy comunicativo, con buena capacidad de hablar y de escuchar, será más eficaz si es buen dibujante. En otras palabras, el dibujo rápido y ágil a mano alzada es un medio de empoderamiento personal y profesional (*tête pensante*). Enseñar el dibujo arquitectónico con este fin implica dotar a nuestro alumnado de pensamiento crítico y de una capacidad de comunicación abierta, en un momento en que necesitamos repensar urgentemente nuestras ciudades y nuestro entorno con fines filantrópicos y ecológicos. Todos nuestros esfuerzos pedagógicos y de investigación deben centrarse en formar a los estudiantes para que puedan aportar nuevas visiones para remodelar nuestro entorno con estos fines. Se trata de trabajar y de transformar una realidad urbana. Parece claro que los dibujos anclados en la realidad urbana son una necesidad para observar, analizar y hacer propuestas dentro de un espacio urbano o arquitectónico concreto

En consecuencia, este dibujo ágil y diestro debe separarse del dibujo técnico con escuadras y reglas (propios de la delineación). Sin embargo, para enseñar esta habilidad, se

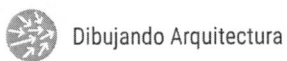
seguirá una metodología mixta, desarrollada y propuesta por el autor de este capítulo, que incluye aspectos propios del dibujo técnico (geometría descriptiva y otras pautas razonadas), del dibujo artístico (pautas de dibujo artístico y del cerebro derecho) y del dibujo urbano. Esta nueva forma de ver el dibujo es una expresión gráfica que no pretende competir con las formas digitales de representación gráfica. Por el contrario, las complementa en el proceso conceptual y de diseño, y en el resultado estético, a través del dibujo híbrido, entendido como el uso combinado de varios registros propios del dibujo tradicional y digital, aprovechando las mayores potencialidades expresivas y comunicativas de cada registro. Para desarrollar la destreza del dibujo, se trabaja en diversos formatos y contextos. Sin embargo, aquella se adquirirá principalmente en los talleres de dibujo *in situ* (*workshops in situ* o WIS) para inculcar la pasión por el dibujo urbano. En todos los casos, nuestro método pedagógico para adquirir destreza en el dibujo combina tres ideas fundamentales o, más bien, tres formas de mirar, que se describen a continuación:

– La mirada razonada: reglas geométricas, proporciones y pautas razonadas. El uso del hemisferio izquierdo del cerebro. El tipo de dibujo asociado a la mirada razonada se denomina "dibujo con pautas razonadas".

– La mirada de observación consciente: bordes, contornos, espacios negativos y positivos y uso del hemisferio derecho del cerebro, como explica Betty Edwards (1989). El tipo de dibujo vinculado a esta mirada se denomina "observación consciente".

– La mirada in situ, típica del dibujo urbano: observación de ángulos y conceptos mixtos. El tipo de dibujo asociado a esta mirada se denomina "dibujo *in situ*" o "*urban sketching*".

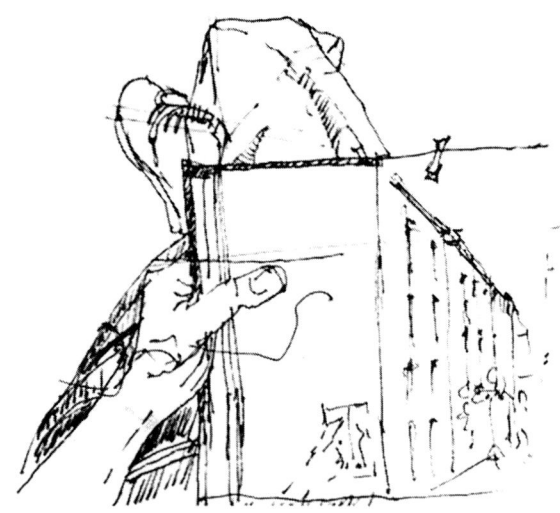

26

El dibujo de observación intuitiva

Bruno Sève

Dibujar con el lado derecho del cerebro.

Para que los alumnos asimilen adecuadamente la teoría y adquieran experiencia y destreza en el dibujo, es útil trabajar estas tres formas de mirar y dibujar al mismo tiempo. Es decir, el aprendizaje del dibujo no ha de ser lineal, sino más bien en espiral. En la misma sesión, los alumnos recurrirán a pautas razonadas y a pautas de observación del dibujo. A veces, comenzarán con ejercicios de corta duración para perder el miedo al lápiz, con ejercicios de pura observación (contornos de hojas, retratos de partes del cuerpo *in situ*, como el conjunto formado por el cuaderno, la pierna y el zapato, una persona dibujada por dos personas en la misma hoja, etc.).

Lo mismo ocurre con los conceptos de trabajo. Comenzamos de forma lineal a conocer el sistema diédrico, el croquis, la figura humana, los croquis urbanos, la perspectiva cónica central y oblicua y la vegetación. Sin embargo, la asimilación como habilidad debe formalizarse a través del aprendizaje combinando todos estos conceptos en cada sesión.

Uno de los principales errores pedagógicos en el aprendizaje del dibujo arquitectónico es relegar el de observación intuitiva, que se utiliza normalmente en dibujo artístico, a un papel accesorio o, peor aún, pasarlo por alto por completo. Nuestro método pedagógico propone trabajar en paralelo con el dibujo de observación para las vistas arquitectónicas estándar y otros bocetos.

Como explica Betty Edwards (1989), en el proceso de aprender a dibujar también es posible aprender a controlar la forma en que el cerebro maneja la información. Los dos hemisferios del cerebro están implicados en actividades cognitivas superiores y cada mitad del cerebro se especializa en diferentes modos de pensamiento. El hemisferio izquierdo analiza, abstrae, cuenta, planifica paso a paso, verbaliza y hace afirmaciones racionales. El habla y el lenguaje están relacionados con el pensamiento, el razonamiento y las actividades mentales, y se vinculan al hemisferio izquierdo del cerebro (Edwards Betty, 1989). Por deducción, las reglas geométricas, la perspectiva y la construcción de proporciones están más vinculadas a este hemisferio. En cambio, el derecho imagina, entiende las metáforas, sueña y crea combinaciones de ideas: es el hemisferio propio de un tipo de pensamiento intuitivo.

En el dibujo arquitectónico, el uso del hemisferio derecho del cerebro nos ayuda a adquirir destreza en el dibujo, a enfatizar una línea, a observar el entorno, a dibujar los contornos de la vegetación, a abstraer una gran cantidad de información para crear una vista panorámica de una ciudad y a desplegar el proceso creativo con relaciones de formas e ideas a través del dibujo. Por tanto, es fundamental ejercitar las capacidades del hemisferio derecho desde el primer día de clase. Después, es necesario recurrir a ambos hemisferios para dibujar. Para dibujar una escena urbana, hay que trazar cuidadosamente algunas pautas geométricas, de proporción y de perspectiva (lado izquierdo), pero el resto de la escena debe esbozarse mediante la observación intuitiva. A continuación, se vuelve a comprobar la profundidad o la perspectiva siguiendo unas pautas razonadas, y luego hay que continuar con la otra modalidad (lado derecho). Experimentar este cambio de modalidad nos ayuda a mejorar notablemente los bocetos arquitectónicos y urbanos y los bocetos estándar y axonométricos para un dibujo hábil y fluido.

Un ejercicio muy útil para desarrollar la coordinación entre las manos y la observación es dibujar los contornos y los pliegues de una mano. Es importante insistir en este tipo de ejercicios al principio de las clases, ya que son ejercicios relativamente cortos (de 30 minutos), que permiten a los alumnos practicar su habilidad con el lápiz. Hacemos este tipo de ejercicios durante media hora, de varias formas:

1. Sin mirar el papel
2. Mirando después de una pausa
3. Utilizando la mano no dominante
4. Dibujando únicamente los contornos
5. Dibujando y observando cada punto de inflexión del objeto que se dibuja, para luego aprender a coordinar el trazo del lápiz (o del bolígrafo) con la mirada.

De este modo, buscamos dibujar observando. Es importante que la progresión del dibujo sea lineal y orgánica. Por ejemplo, si dibujamos el contorno de la mano, trazamos la línea con la mano levantada siguiendo el contorno de la mano. En este tipo de ejercicios, es importante colocar el objeto que queremos dibujar en posturas poco habituales, para romper con el "sistema de símbolos" (Edwards Betty, 1989). Si dibujamos una mano, forzaremos una postura de "garra"; si elegimos dibujar el contorno de unas sábanas sobre una mesa, las colocaremos de forma desordenada y superpuesta, y si dibujamos hojas de plantas, buscaremos un punto de vista que no se refiera al símbolo de la hoja única y plana. En el caso de un conjunto de hojas, el dibujante partirá del contorno de una hoja, pero si está tocando contra otra hoja, continuará con el contorno de la siguiente, y así sucesivamente.

Este tipo de ejercicio es primordial si queremos que el alumnado dote el dibujo de un entorno y una atmósfera intencionados, con la colocación de figuras, vegetación y otros objetos y elementos cotidianos. Progresivamente, en las sesiones pediremos a los alumnos que reconozcan con qué modalidad –izquierda o derecha– creen que están dibujando. Les recordaremos que deben aplicar algunas pautas constructivas con respecto a las proporciones. Los ejercicios sobre la figura humana explican perfectamente cómo empezar un dibujo con pautas razonadas, para luego dibujar a través de la observación.

Por último, si la escena que se va a dibujar contiene mucha información, como una vista panorámica, será importante saber dibujar abstrayendo algunos de estos elementos. Una forma sencilla de experimentar con esta abstracción o simplificación es que los dibujantes entrecierren los ojos o, si son miopes, se quiten las gafas, para ver la escena con menos definición. En ese momento, podrán observar los patrones de repetición y las sombras de forma simplificada. A continuación, se utilizará el dibujo observacional intuitivo para crear de nuevo la escena.

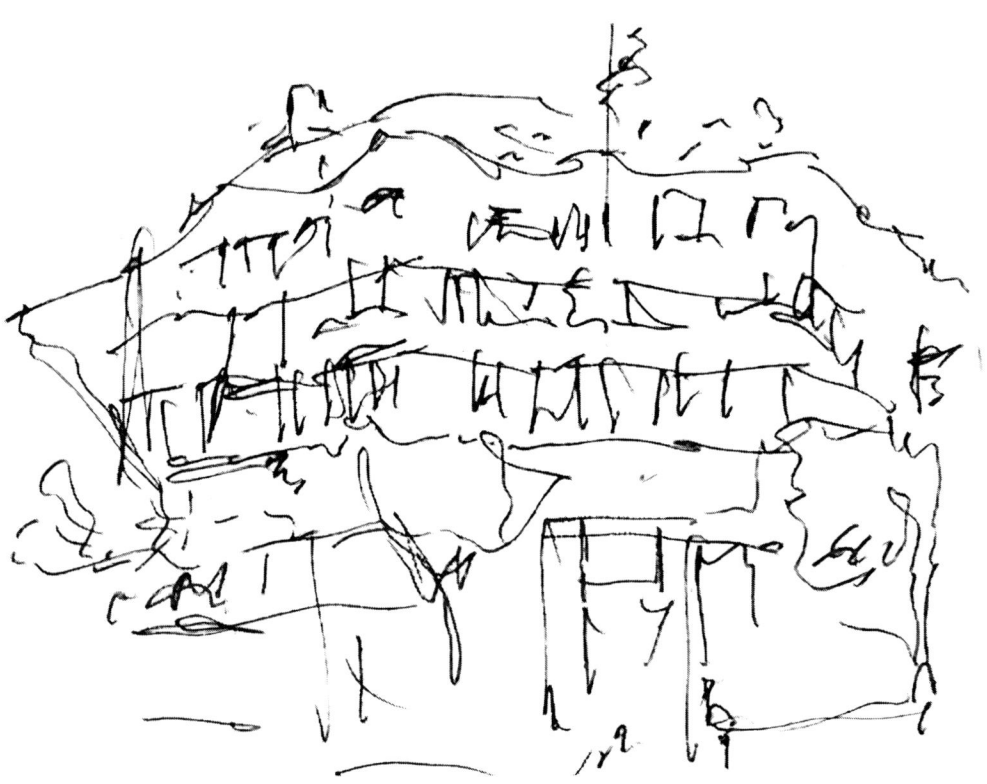

26, 27. Bruno SÈVE. Bocetos rápidos de observación intuitiva (de 3 a 5 minutos), 2022.

5

La proporción y el cuerpo humano

La relación entre las proporciones del cuerpo humano y la arquitectura es un tema fundamental en el diseño arquitectónico, que influye en la escala, la ergonomía y la percepción del espacio construido. Desde la antigüedad, los arquitectos han reconocido la importancia de estas proporciones como guía para el diseño de espacios habitables y estéticamente agradables.

La antropometría, o estudio de las dimensiones y proporciones del cuerpo humano, se ha utilizado durante siglos para determinar la escala adecuada de los edificios y de los espacios interiores. Ello se debe a que las dimensiones del cuerpo humano, como la altura media, la longitud de los brazos y la anchura de los hombros, son

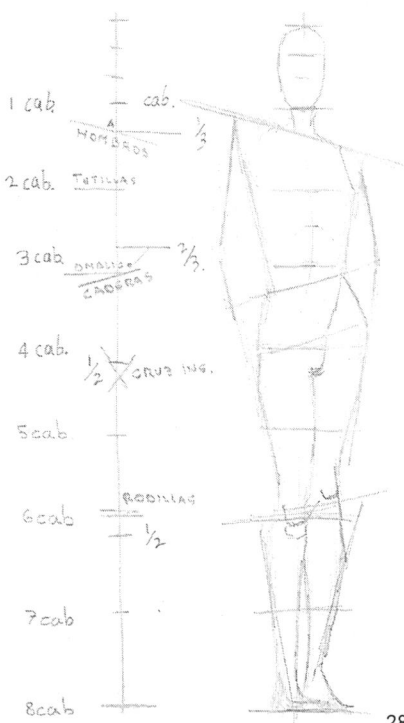

28. Jorge HERMOSO, Prof. Salvador Gilabert, 2023.
29. Adrián MEUNIER, Prof. Isidro Santacreu, 2022.

28

consideraciones básicas para la creación de espacios que resulten cómodos y funcionales para sus ocupantes.

El *Modulor*, concebido por Le Corbusier, es un sistema de proporciones basado en las dimensiones del cuerpo humano y en la sucesión de Fibonacci, que busca establecer una relación armónica entre el hombre y el entorno construido.

Este sistema, basado en la idea de la existencia de unas proporciones universales que son intrínsecas a la naturaleza, puede aplicarse a la proporción arquitectónica.

La idea principal detrás del *Modulor* es que las dimensiones del cuerpo humano pueden servir como una medida estándar para diseñar edificios y espacios que sean visualmente armoniosos y funcionales. Le Corbusier creía que, al utilizar estas proporciones humanas como guía, se podría lograr una mejor comprensión de la escala y la proporción en la arquitectura, lo cual a su vez generaría un entorno construido adecuado al uso humano y estético. Además de la escala física, la relación entre el cuerpo humano y la arquitectura también refleja aspectos más abstractos, como la percepción del espacio y la experiencia sensorial.

En resumen, la relación entre las proporciones del cuerpo humano y la arquitectura es un aspecto fundamental del diseño arquitectónico, que influye en la funcionalidad, la estética y la experiencia de los espacios construidos.

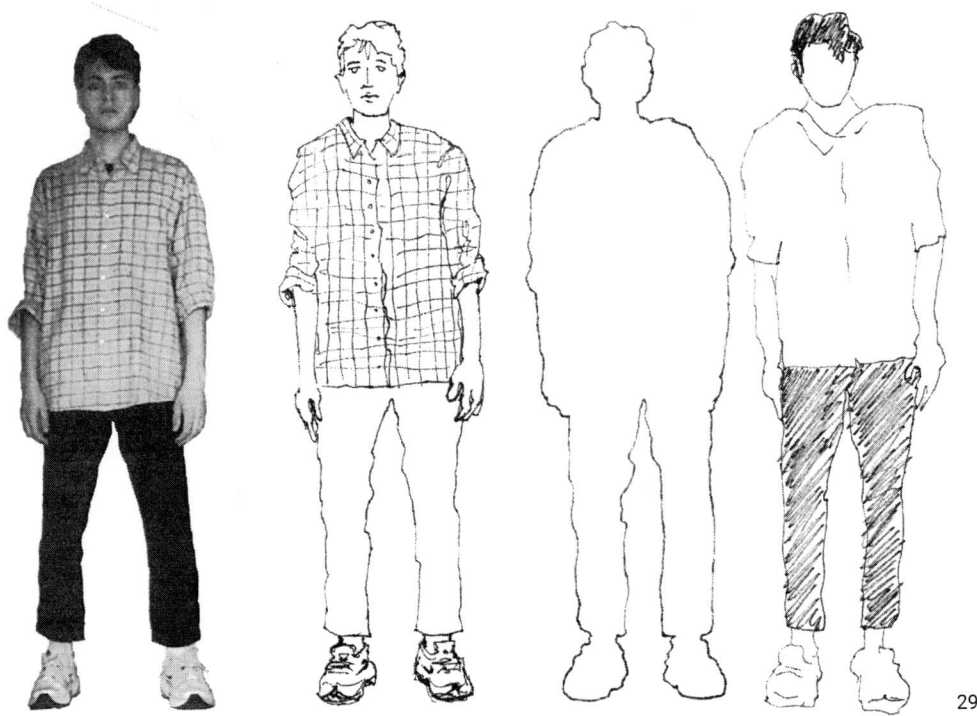

29

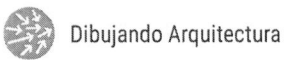

Formalización

Desarrollo de la técnica del dibujo al natural.

- Esquemas gráficos y textos escritos.
- Block de dibujo A5 - Láminas A3
- El soporte podrá ser blanco o medias tintas, adaptándose a las necesidades del discurso gráfico empleado.
- Las técnicas gráficas se adaptarán al soporte empleado, pudiéndose simultanear técnicas diversas en función de las necesidades del análisis empleado.
- Los ejercicios se desarrollarán a mano alzada.

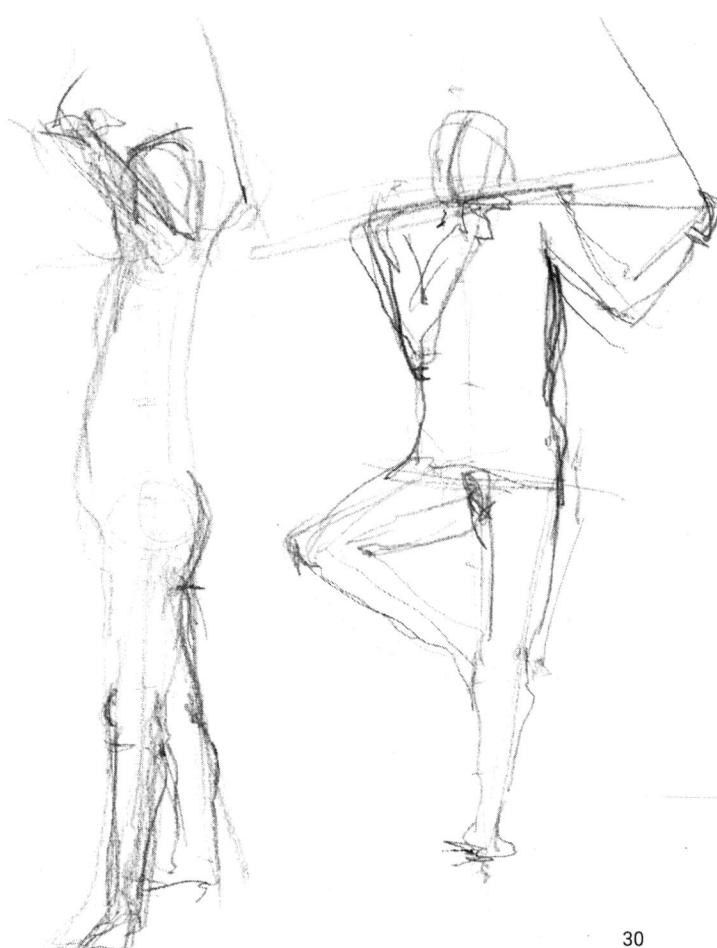

30-31. Miroslav ŠLÉZÁK
32. Núria ESPINA,
Prof. Salvador Gilabert. 2022.

30

Dibujarse a uno mismo

Tomando como referencia la organización formal del cuerpo humano, las proporciones del todo y de las partes, la forma de relación, las articulaciones

La expresión se hará mediante apuntes rápidos.

B.1.   Dibujo dinámico de las proporciones del cuerpo
B.2.   Dibujo a escala del cuerpo

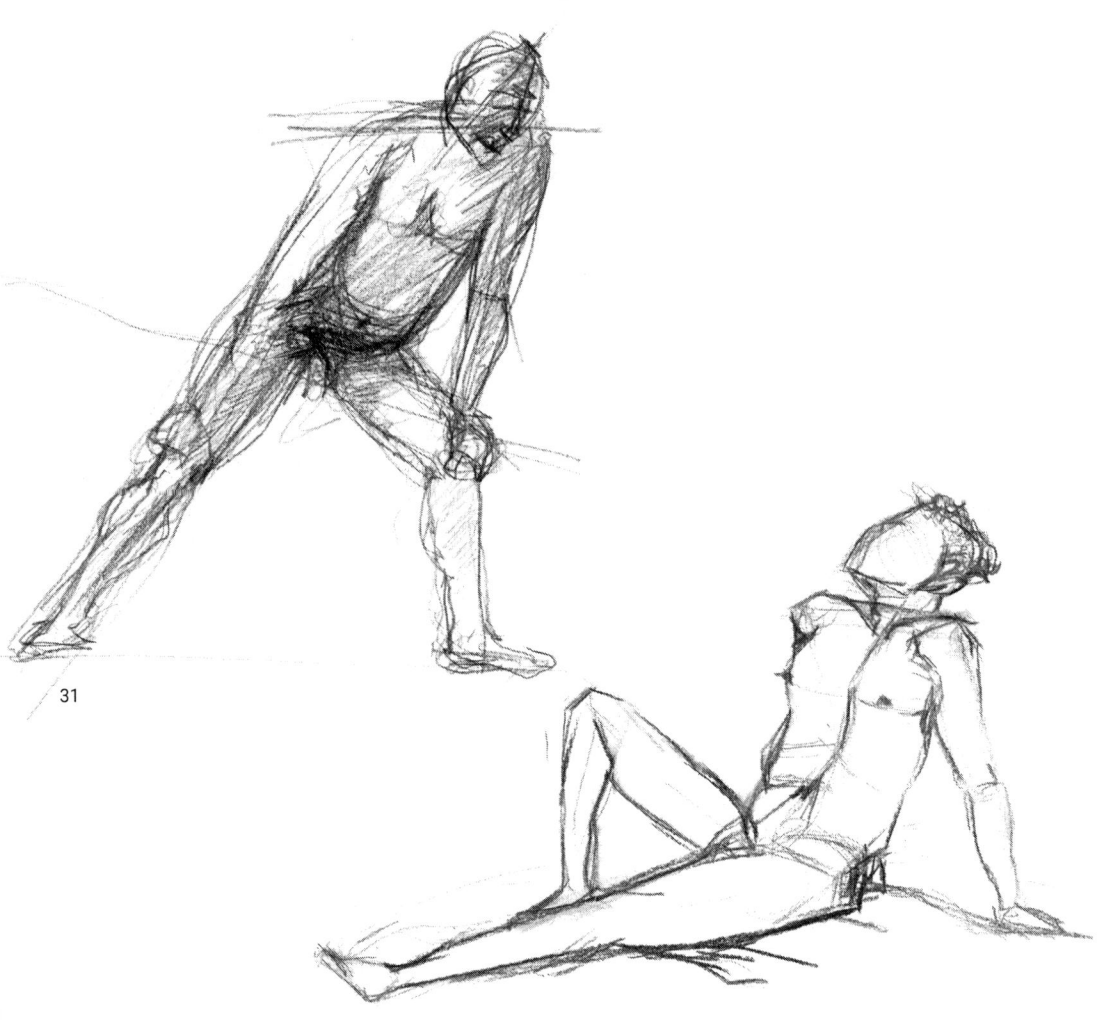

31

32

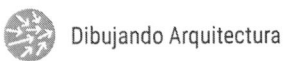
Dibujar el cuerpo humano dentro del espacio arquitectónico

1. Dibujar el cuerpo humano en diferentes posiciones e introducirlo en un espacio (la propia habitación).

   i) Geometrización.

   – Análisis geométrico
   – Volúmenes y articulaciones
   – Ejes, simetrías y asimetrías
   – Relación de forma

   ii) Volumen

   – Superficies frontera:
   Compacidad y transparencia
   – Relaciones de permeablidad visual

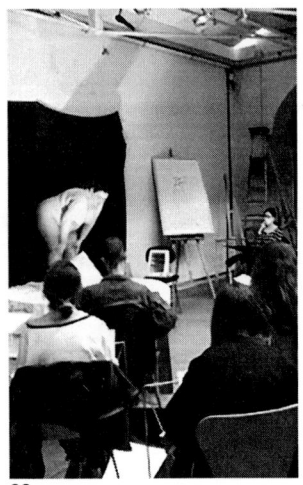

33

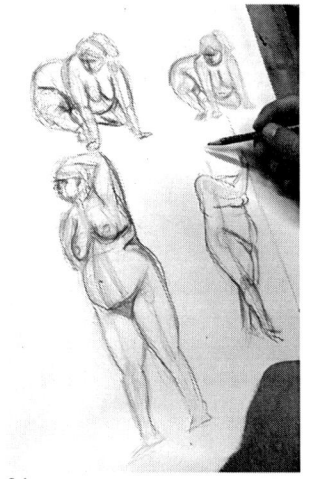

34

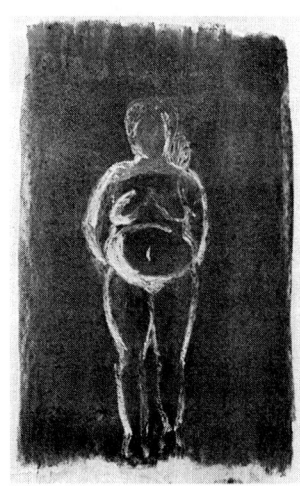

35

33-34-35 Apuntes del Cuerpo Humano. Taller en Sant Lluc 2022. Prof. Carme Escoda
36 Dibujo al natural, Dibujo I. Prof. Oriol Ribò, 2023

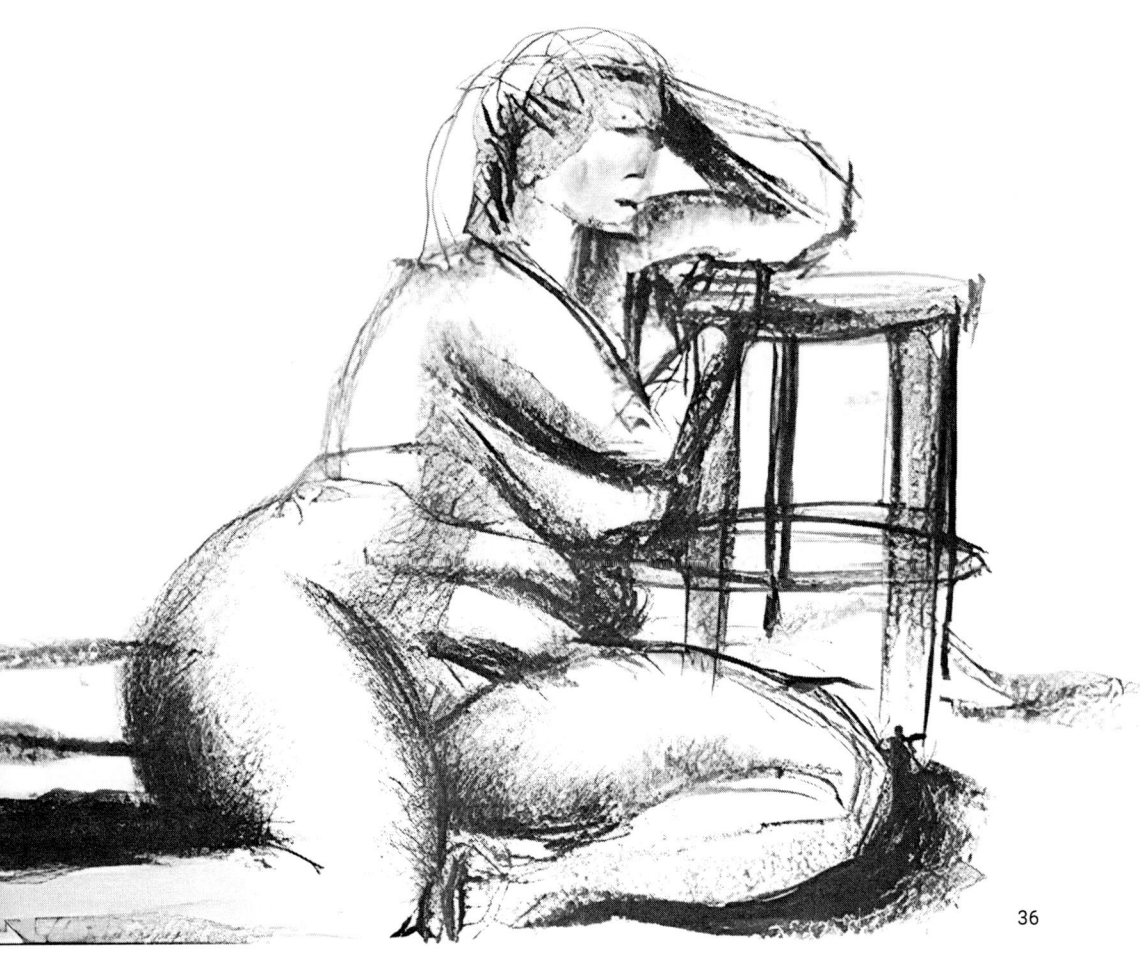

36

6
Arquitectura, forma y composición

El análisis formal de un objeto arquitectónico implica descomponerlo para reconocer su origen y esencia, despojada de adornos. Este proceso nos lleva al concepto de la forma arquitectónica. Esta operación de descomposición ha de ser predominantemente gráfica, utilizando el dibujo para entender tanto la forma arquitectónica como sus principios de composición. El término *dibujo* abarca tanto la acción de representar como su resultado. La representación gráfica se interpreta como una figuración, una forma, pero también como una concepción arquitectónica, una creación. El dibujo es el medio a través del cual el arquitecto imagina, comprende y comunica sus proyectos.

En el contexto arquitectónico, la forma concreta tiende a ajustarse a su patrón formal. La causa formal actúa como el vínculo que consolida estas formas y corresponde a su esencia perfecta, su ser.

Por tanto, podemos afirmar que la forma arquitectónica es el resultado de un proceso organizativo que articula las diversas partes del objeto arquitectónico. Analizar formalmente implica identificar los elementos constituyentes y comprender el orden que los une en una totalidad coherente.

En nuestra cultura moderna, la forma arquitectónica no se considera simplemente como un volumen geométricamente ordenado según unas leyes objetivas e inmutables, como lo hacía la cultura clásica. En cambio, está influenciada por la psicología de la percepción y las teorías de la *Gestalt*. Al iniciar el análisis formal con la geometrización, establecemos las leyes y las relaciones que rigen las estructuras formales de los objetos arquitectónicos. Buscamos revelar la esencia del volumen, así como su comprensibilidad como masa tectónica. Sin embargo, también nos interesa la forma como figura que conlleva una entelequia comprensible. Esta estructura mental, derivada de las imágenes visuales, se organiza y se formaliza en arquitectura conforme a unas leyes fisiológicas, mentales y culturales. Reconocemos una oscilación entre lo aparente y lo latente, un vaivén entre la forma visible y la estructura subyacente, una interacción entre el pensamiento clásico y las teorías modernas.

El concepto de estilo también es fundamental en este proceso, ya que nos permite entender la arquitectura como una expresión común en un período histórico y cultural específico. Nos ayuda a distinguir entre una arquitectura normalizada, basada en unas formas y unas leyes compositivas establecidas, y la individualidad, la singularidad y la innovación.

Como explica Manuel Rivera, "las formas arquitectónicas transmiten significados y valores y son capaces de expresar su uso y finalidad (carácter) por medios visuales y formales. Y es mediante su captación visual que percibimos ese carácter, ese uso, esa finalidad. Igualmente, su forma construida nos habla de la cultura material que ha levantado esa arquitectura. El estilo asume así un papel importante para el conocimiento y el análisis de la arquitectura, en la medida que es a través de él que se evidencian los aspectos comunes entre un grupo de obras que nos informan de la cultura y la historia en que han surgido".

Los formalistas sostendrían que la forma arquitectónica viene determinada por los usos o las actividades: la forma sigue a la función. Por su parte, el pensamiento racionalista-estructural vincularía estrechamente la arquitectura con la construcción, reduciendo

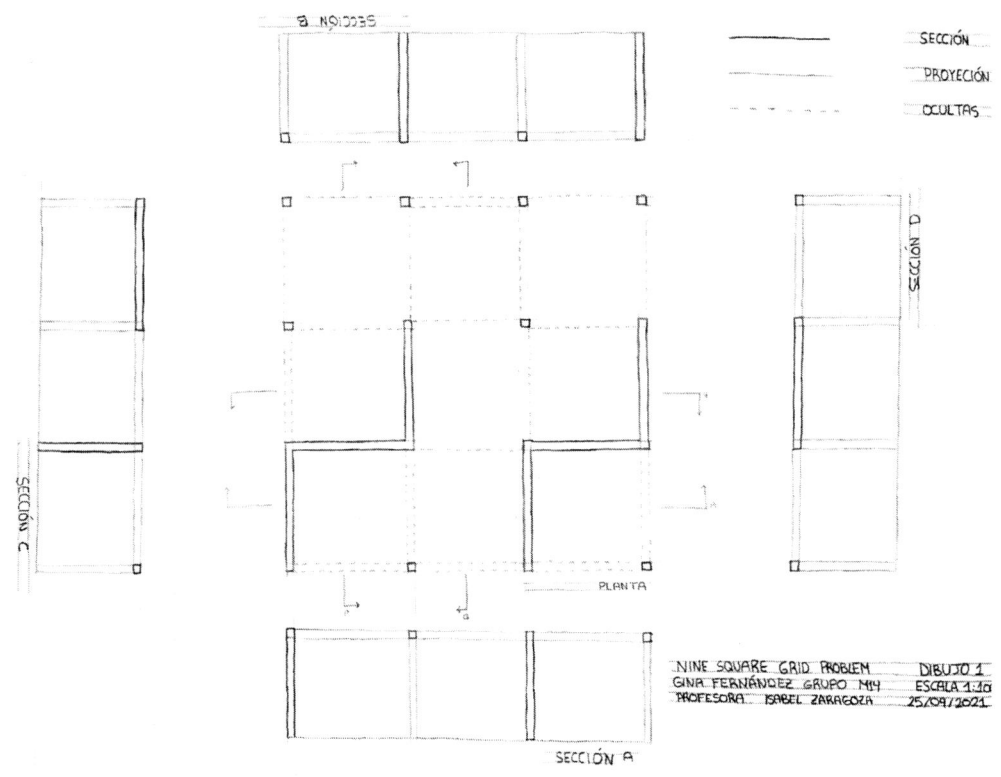

37a

37. Gina Fernández. Prof.Isabel Zaragoza 2021.

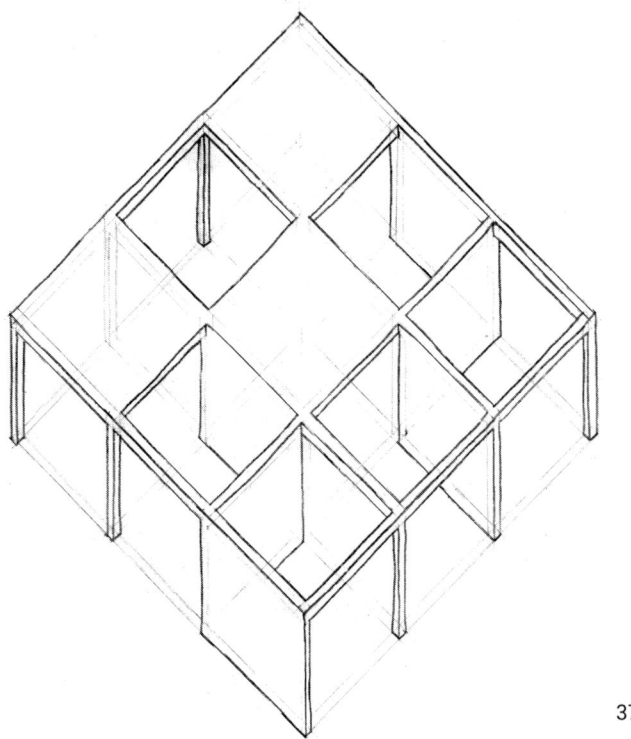

37b

la formalización a la resolución técnica, constructiva y estructural de la arquitectura. Sin embargo, este enfoque, que considera que cualquier preocupación puramente formal es una desviación del contenido esencial de la arquitectura, no se entiende de manera tan categórica. Por ejemplo, Mies van der Rohe especifica que "la técnica no es el fin, sino solo el medio de expresión del espíritu de la época". Ello implica reconocer la voluntad artística de cada momento histórico, las influencias figurativas en la arquitectura y las conexiones con otras disciplinas plásticas.

Cuando la arquitectura buscó distanciarse de las artes mecánicas para alcanzar el estatus de un arte noble, el dibujo se convirtió en la herramienta clave para plasmar las ideas y actuar como medio de pensamiento durante la fase creativa y noble del arte. La invención, la ideación y la expresión de la arquitectura como arte plástico encuentran en el dibujo la forma de relacionarse con la pintura, la escultura y la fotografía, influyéndolas y dejándose influir por ellas.

Mostrar la estructura formal, identificar los elementos constantes que permiten comparar y relacionar edificios entre sí, es el objetivo del análisis. Se utiliza la forma como medio para comprender la arquitectura, ya que se considera su elemento esencial. No es necesario representar literalmente el objeto arquitectónico, más bien se pretende señalar sus formas fundamentales, aquellas que lo distinguen. En este sentido, el dibujo de representación no necesita ser completamente fiel a la forma final. Debecentrarse en el patrón, tener la facultad de omitir las partes secundarias y reinterpretar aquellas que constituyen el objeto de acuerdo con la intención del discurso gráfico. Es más importante cómo narramos lo que queremos expresar, enfatizando determinados aspectos, que la precisión de la representación. Las posibilidades que ofrece el dibujo generan un discurso personal que analiza, desglosa y abstrae el objeto arquitectónico para su exposición.

La geometrización a través del dibujo es la primera herramienta en este proceso racional de pensamiento. Hemos de ser capaces de abstraer lo que permite reconocer y recordar la arquitectura, verificando sus proporciones para evitar contradicciones. Manifestar la geometría básica nos ayuda a evidenciar la estructrua formal profunda de la arquitectura analizada, buscando destacar lo permanente y esencial, y alejándonos de los estilos cambiantes. En resumen, aplicamos un método basado en los principios de claridad y elementalidad, utilizando unas geometrías sencillas pero precisas para reconocer la arquitectura

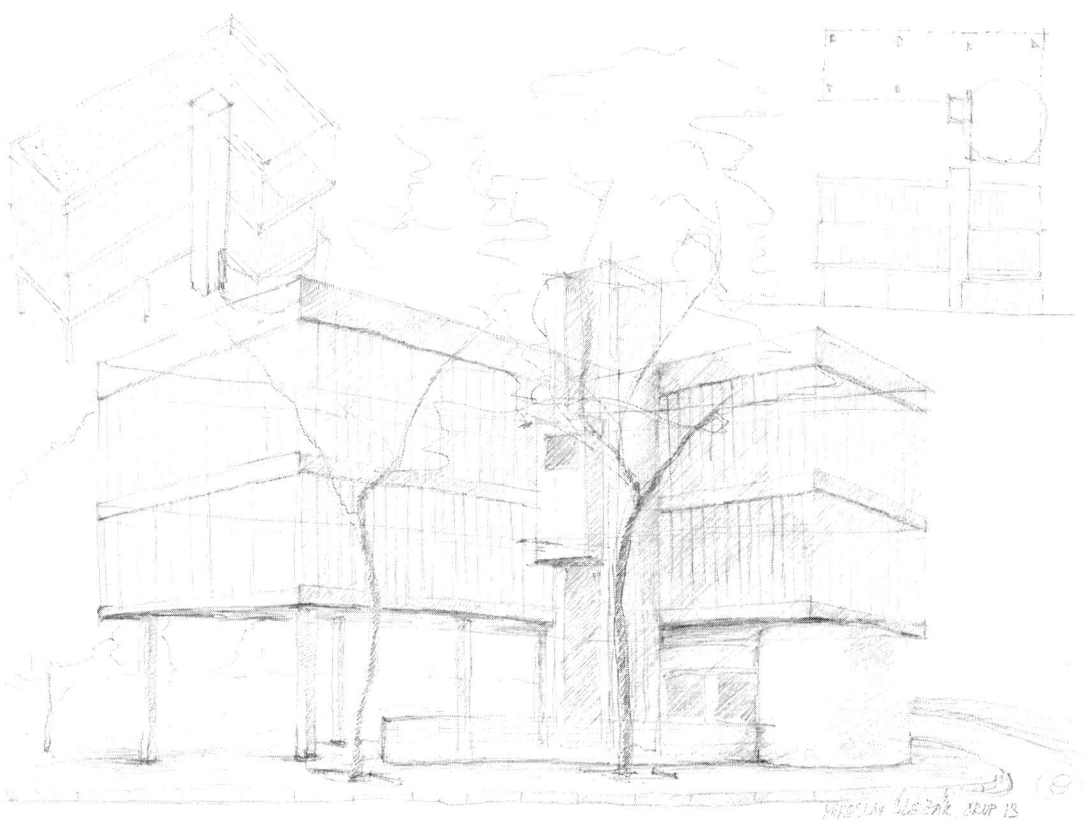

38. Miroslav ŠLÉZAK. Prof. Salvador Gilabert, 2022.

Para terminar de examinar la estructura formal del objeto, y una vez comprendido el estilo que lo define, podemos situarlo en su contexto y entender tanto su esencia como la del período histórico en que fue creado, así como la interacción mutua entre ambos. Concluimos el proceso destacando sus características distintivas. Este cierre del proceso conforma un ciclo. Aunque formas similares pueden dar como resultado edificios completamente diferentes, es apropiado profundizar en el análisis, considerando sus cualidades intrínsecas, como la escala y los patrones reguladores, y valorando los elementos de composición, como los ejes y las alineaciones, y los conceptos preformativos, como la simetría, la centralidad y la retícula. Además, es importante reconocer otros métodos de controlar la composición, como el uso del color, la textura y los materiales, que pueden indicar la singularidad de la arquitectura representada. Un ejemplo de este análisis formal es la Fundación Miró, que destaca por su equilibrio compositivo y su habilidad para mantener una armonía entre la unidad y la diferenciación. Las diversas formas presentes en el edificio se integran de manera coherente, destacando la distinción entre los elementos que constituyen el museo. Una similitud excesiva entre los elementos compositivos podría causar confusión y falta de claridad, mientras que un exceso de diferenciación podría provocar una sensación de desorden.

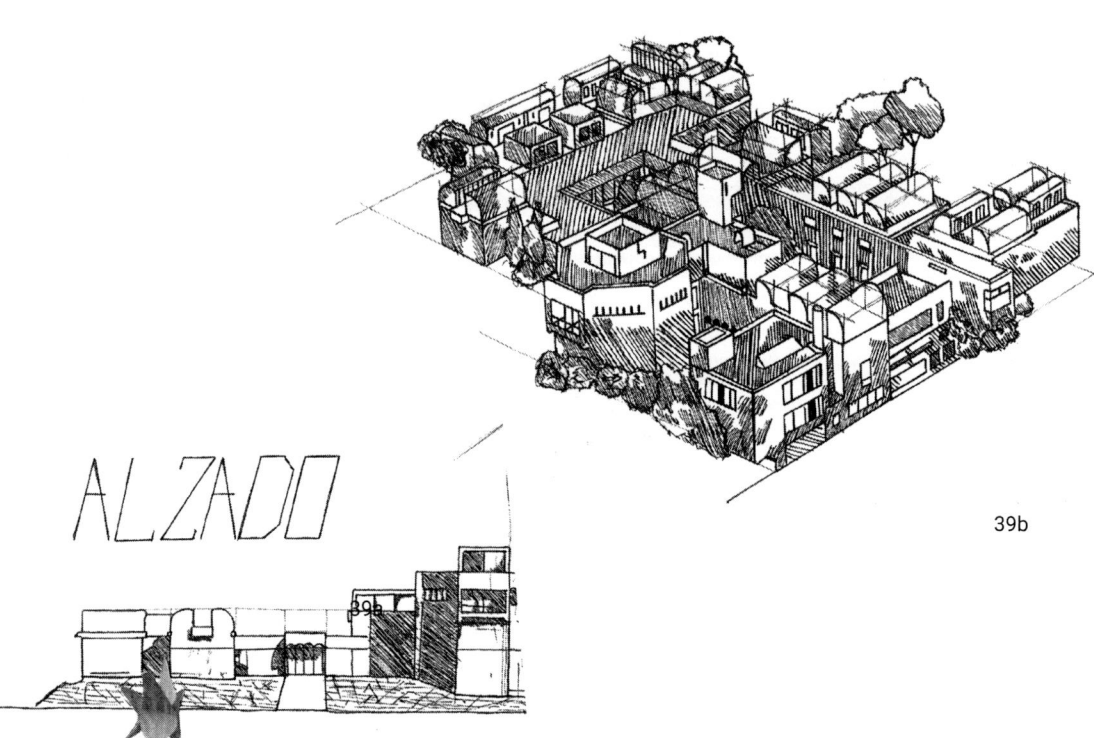

ALZADO

39b

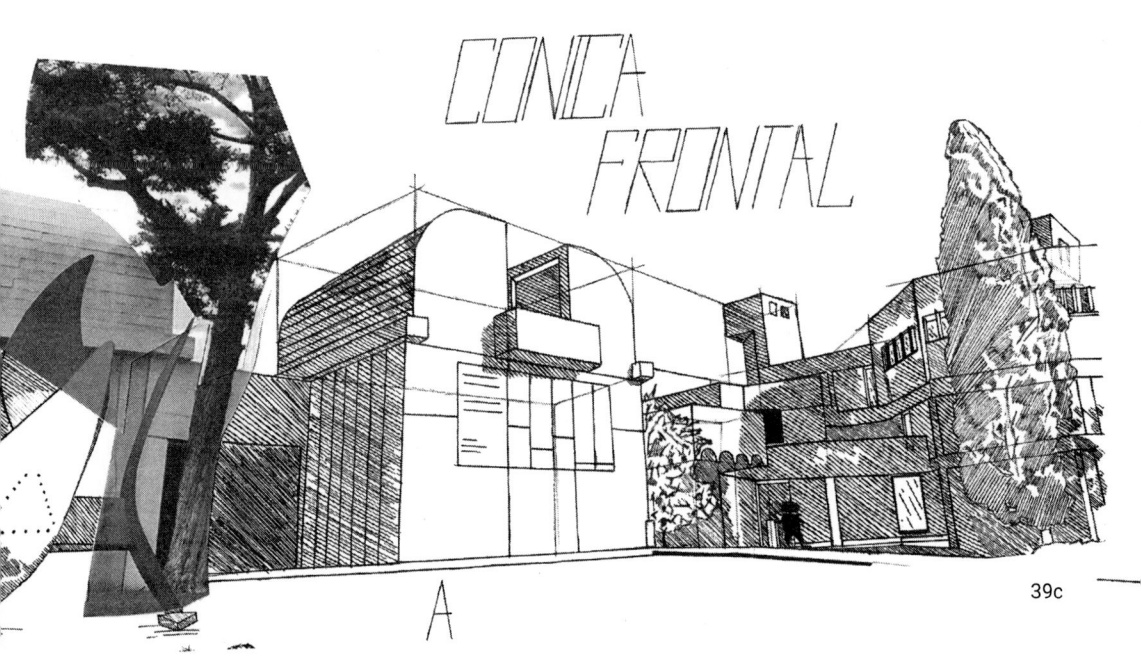

CÓNICA
FRONTAL

A

39c

39. Héctor ARRANZ. Prof. Salvador Gilabert. 2022.

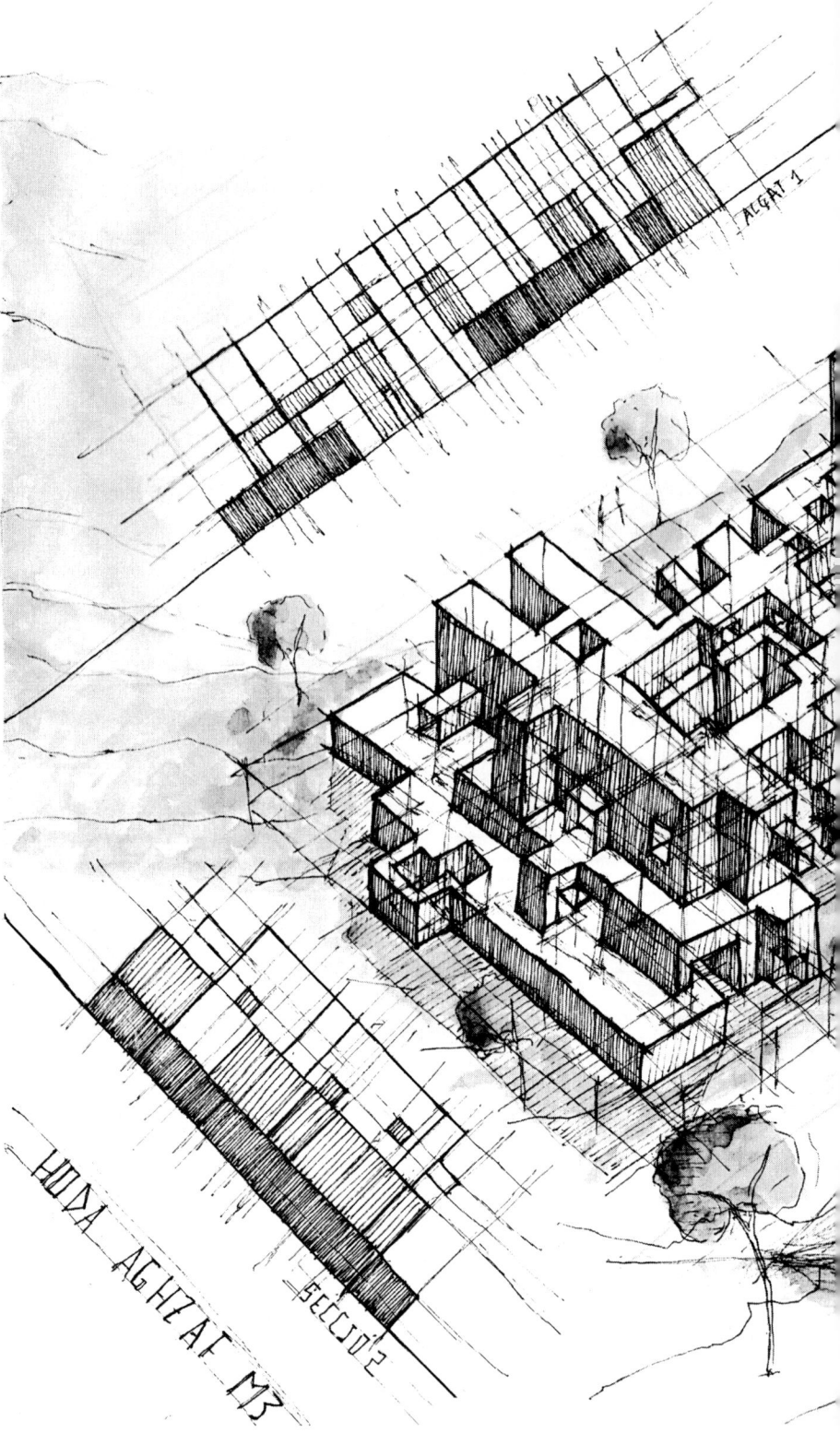

ALÇAT 1

SECCIÓ 2

HODA AGHZAF M3

40. Hoda AGHZAF. Prof. Salvador Gilabert. 2022.

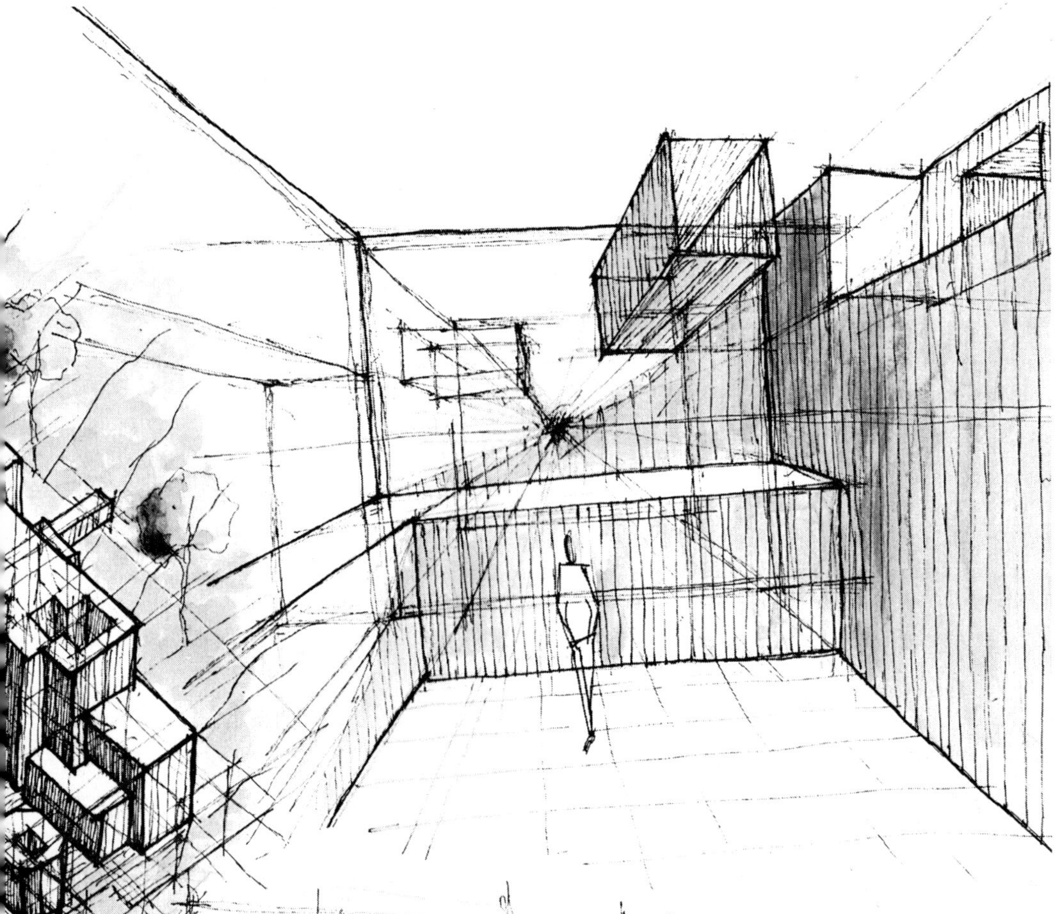

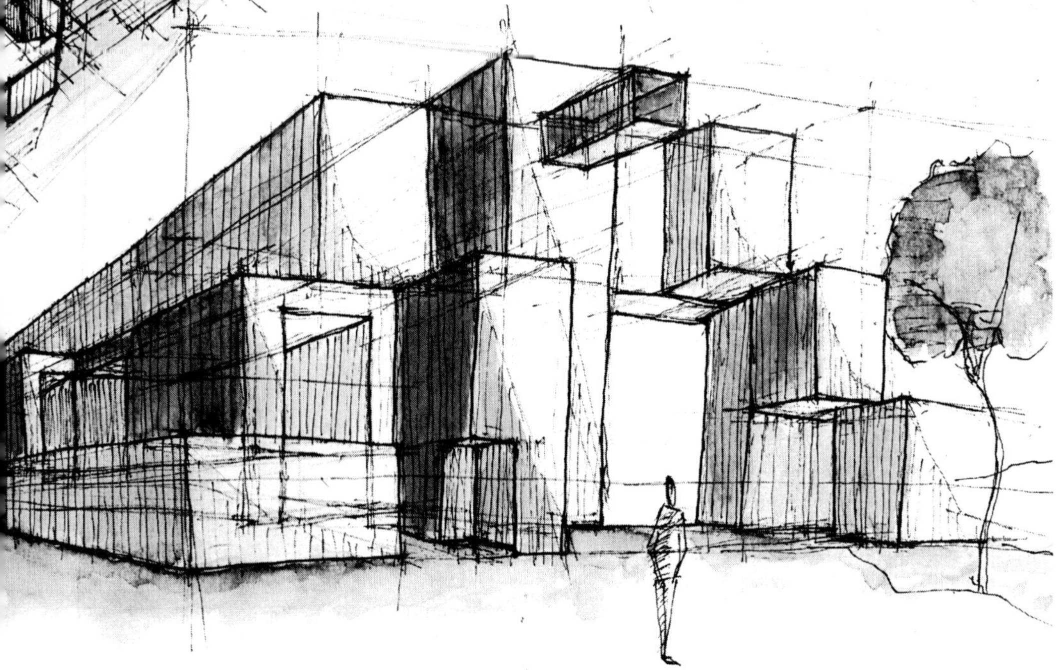

7
Arquitectura y espacio
Salvador Gilabert

Para G.W. Friedrich Hegel, el lugar es "tiempo en espacio", es "la unión del espacio y el tiempo en que el espacio se concreta en un ahora, al mismo tiempo que el tiempo se concreta en un aquí. Así, afirma que "el lugar solo es espacio en cuanto es tiempo".[1]

La arquitectura ocupa un lugar y, por consiguiente, su espacio será la capacidad de habitar el tiempo presente.

Si el lugar es el punto de partida de ciertas propuestas, así como la identidad diferenciadora de las arquitecturas imaginadas, es en la relación entre el tiempo y el lugar donde surgiría el germen para generar un espacio.

A finales del siglo XIX, el filósofo Theodor Lipps, señaló que existen dos tipos de espacio: el geométrico y el estético. Lipps denominó *espacio geométrico* lo que queda después de eliminar la masa de la columna (la estructura espacial o la forma esencial de la columna). El cerramiento espacial es la tercera dimensión en que se encuentra el hombre, la espacialidad, entendida como una manera de leer la materia interior a través del volumen exterior, que también podría denominarse *observación óptica*.

El *espacio estético* es el vital, la vida misma confinada en el espacio. Podría denominarse de *observación estética* y en él interesa el contenido, no la forma.

Este segundo aspecto del espacio es más bien una innovación artística, donde aparece la abstracción de la materia a través de la libertad de la forma, llegando a la conclusión de que la arquitectura es el arte de la formación abstracta de espacios y de su experimentación. [2]

"Ya a principios de siglo XX, las obras de Horta expresan el deseo de descomponer la materia y de hacer una estructura espacial de elementos lineales.

---

1 MUNTAÑOLA, J. (1974): *La arquitectura como lugar*. Barcelona: Gustavo Gili, p. 23.

2 LIPPS, T. (1893): *Raumästhetik und geometrisch-optische Täuschungen*, vol. II, fasc. IX-X, pp. 305-306.

Estas ideas se expresan más fácilmente con la técnica ilusionista del dibujo que con los medios más reales de la arquitectura, ya que es posible dibujar rápidamente esquemas mentales, pero ¿es posible construirlos?"[3]

En Europa, con el *Art Nouveau*, Henry van de Velde y Víctor Horta dotan la línea de una configuración orgánica, al tiempo que esta muestra el espacio encerrado, Así pues, pese a su inmaterialidad, la línea adquiere más importancia que el propio espacio que encierra. De este modo, expresan el deseo de descomponer la materia y hacer una estructura espacial de elementos lineales.

"El espacio es la forma negativa que se halla entre los elementos corpóreos y se trata de una función-reposo de la masa, es decir, la silueta que resulta de cortar la materia por medio de la línea".[4]

---

3 . VAN DE VEN, C. (1981): *El espacio en la arquitectura: la evolución de una idea nueva en la teoría e historia de los movimientos modernos*. Madrid: Cátedra, p .114.

4 VAN DE VEN, C. (1981): *El espacio en arquitectura*, pp. 181-183.

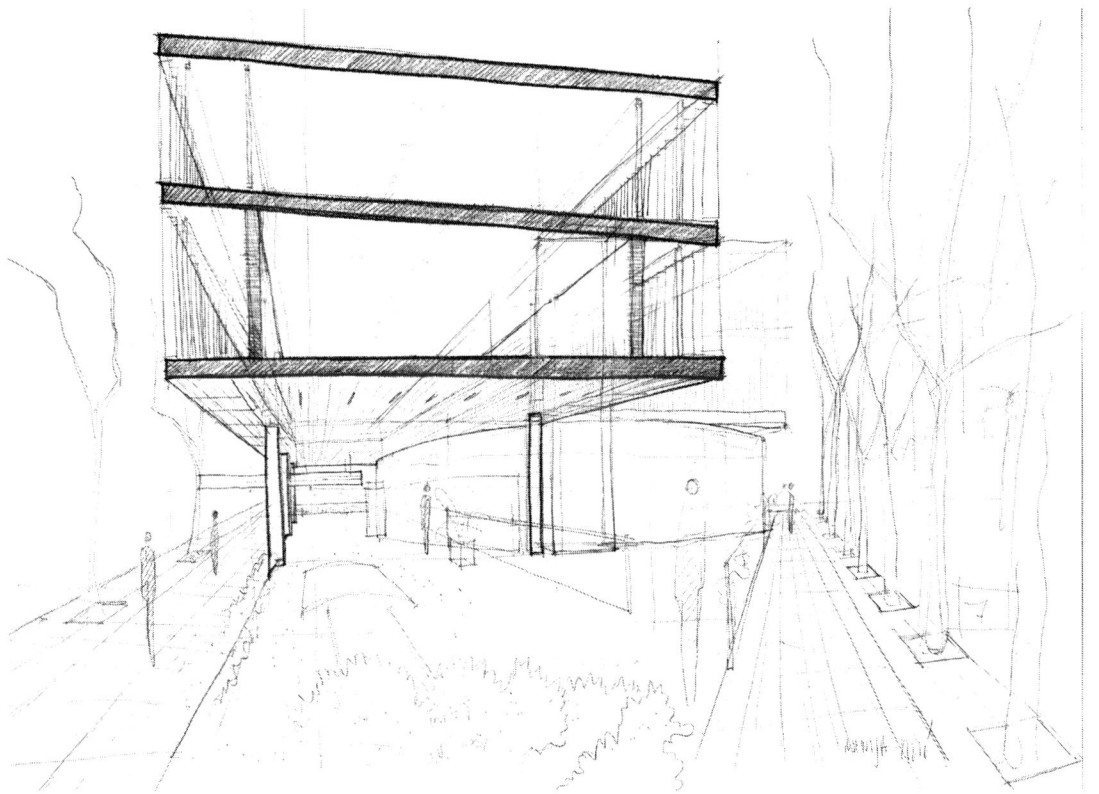

41 Ksenija ŽIŽIĆ.Prof. Salvador Gilabert 2022

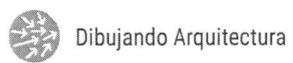

En el siglo XX, el cubismo fue el primer movimiento en experimentar con el concepto de simultaneidad, o visión cinética del objeto, expresando de este modo la duración temporal de la experiencia estética, un concepto que sirvió para escribir el manifiesto cubista de Guillaume Apollinaire.

En el cubismo, se produce la fragmentación de los contornos y se rechaza la perspectiva a favor del plano bidimensional, introduciendo la descripción simultánea de diversos puntos de vista Al introducir el concepto de simultaneidad, se produce la cuarta dimensión, que representa la inmensidad del espacio que se despliega en todas direcciones en un momento determinado.

Nos encontramos ante opciones de generación y de representación de los espacios arquitectónicos de maneras muy diferentes a la idea renacentista de las vistas cónicas; a cambio, se nos brinda la posibilidad de encontrar un espacio más definido intelectualmente a través de la descomposición y la superposición temporal de recursos gráficos.

Los conceptos generales de espacio también podrían equipararse a los que El Lissitzky desarrolló en la corriente de vanguardia del constructivismo ruso, que influenció en la arquitectura de Enric Miralles de finales de los años ochenta, en su etapa con Carmen Pinós.

Para El Lissitzky, existía el *espacio en perspectiva*, equivalente al óptico; el segundo era el *planimétrico*, donde el espacio podía sugerirse por la superposición parcial de los objetos representados (al puro estilo cubista, con una clara aparición de la variable tiempo), y la tercera noción era el *espacio irracional*, donde la representación espacial es multidimensional y tanto el espacio como el tiempo podían combinarse. En él, el espectador interactúa para percibir el paso del tiempo, de modo que el espacio es dinámico.

Partiendo de que la arquitectura es, además, el arte de la formación abstracta de espacios y su experimentación, Theodor Lipps concluye:

"Lo que queda después de eliminar la masa de la columna (estructural espacial o forma esencial de la columna) es *espacio geométrico*, y el *espacio estético* es el visual, la vida misma confinada en el espacio. Es en esta innovación artística donde la abstracción de la materia hacia la libertad pura se combina con la flexión orgánica."[5]

La forma del espacio

Francis D. K. Ching afirma que "el espacio, en sí mismo, carece de forma, ya que su forma visual, su calidad luminosa, sus dimensiones y su escala derivan por completo de sus límites, por cuanto están definidos por elementos formales" [6]

---

5. LIPPS, T. (1893): *Raumästhetik und geometrisch-optische Täuschungen*, vol. II, fasc. IX-X, pp. 305-306.

6. CHING, F. D. K. (1982): *Arquitectura: forma, espacio y orden*. Barcelona: Gustavo Gili, p. 92. En: *Ibid*. Margarita Fernández, p. 68 .

Aunque es cierto que solemos tratar el espacio como el sujeto de nuestras intenciones arquitectónicas, hablando con frecuencia de la forma de los espacios, hemos de reconocer que, en sentido estricto, esto es una incorrección. Es similar al error común que cometemos al referirnos al color de un objeto, ya que sabemos que su color real es la luz reflejada, no una propiedad intrínseca del objeto mismo.

Podemos afirmar que la forma de un espacio viene determinada por su geometría, así como por la relación entre sus dimensiones y proporciones.

Estos aspectos pueden representarse gráficamente con relativa facilidad mediante representaciones diédricas, utilizando secciones para los espacios interiores y, posiblemente, axonometrías para los espacios exteriores. Sin embargo, hasta que no conozcamos la escala de una persona en relación con las dimensiones del espacio, no podemos hablar adecuadamente de su escala. Es posible que dos espacios tengan las mismas proporciones en sus medidas, pero una escala diferente. La sensación de amplitud o claustrofobia de un espacio, más allá de otros factores, está relacionada con su escala.

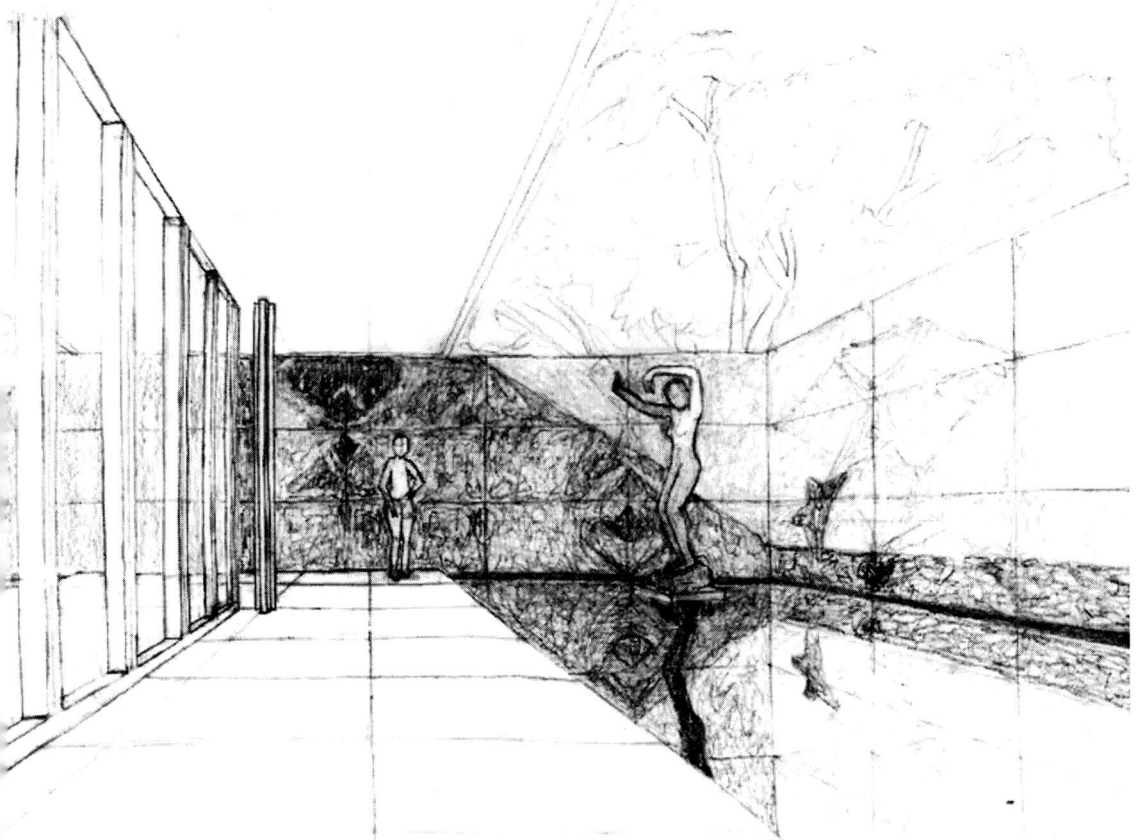

42. Zuriñe ESKUBI. Pabellón de Alemania para la Expo Barcelona 1929. Prof. Maite Aguado, 2021.

Durante el Renacimiento, los arquitectos lograron dominar mejor la escala de los espacios, gracias a la invención de la perspectiva cónica. Como ocurre cada vez que se introduce un nuevo medio de expresión gráfica, supuso un cambio en la forma en que se concebía la arquitectura en ese momento. La perspectiva cónica permitía anticipar el aspecto visual de los espacios por construir y comprender sus dimensiones. Aunque en la actualidad existen herramientas de representación más avanzadas, la perspectiva cónica sigue siendo uno de los sistemas más efectivos para visualizar el aspecto perceptivo del espacio imaginado. Por tanto, reservamos la axonometría para analizar la geometría y las dimensiones del espacio, y las cónicas para establecer relaciones espaciales y experimentables[7,8]

7. "Como sentimiento". Revista Summa +, núm. 30. pp. 90-95. Argentina, 1998.

8. MONEO, R. (1995): "El murmullo del lugar". CIRCO, p. 24.

43-44. Hoda AGHZAF. Prof. Salvador Gilabert, 2022.

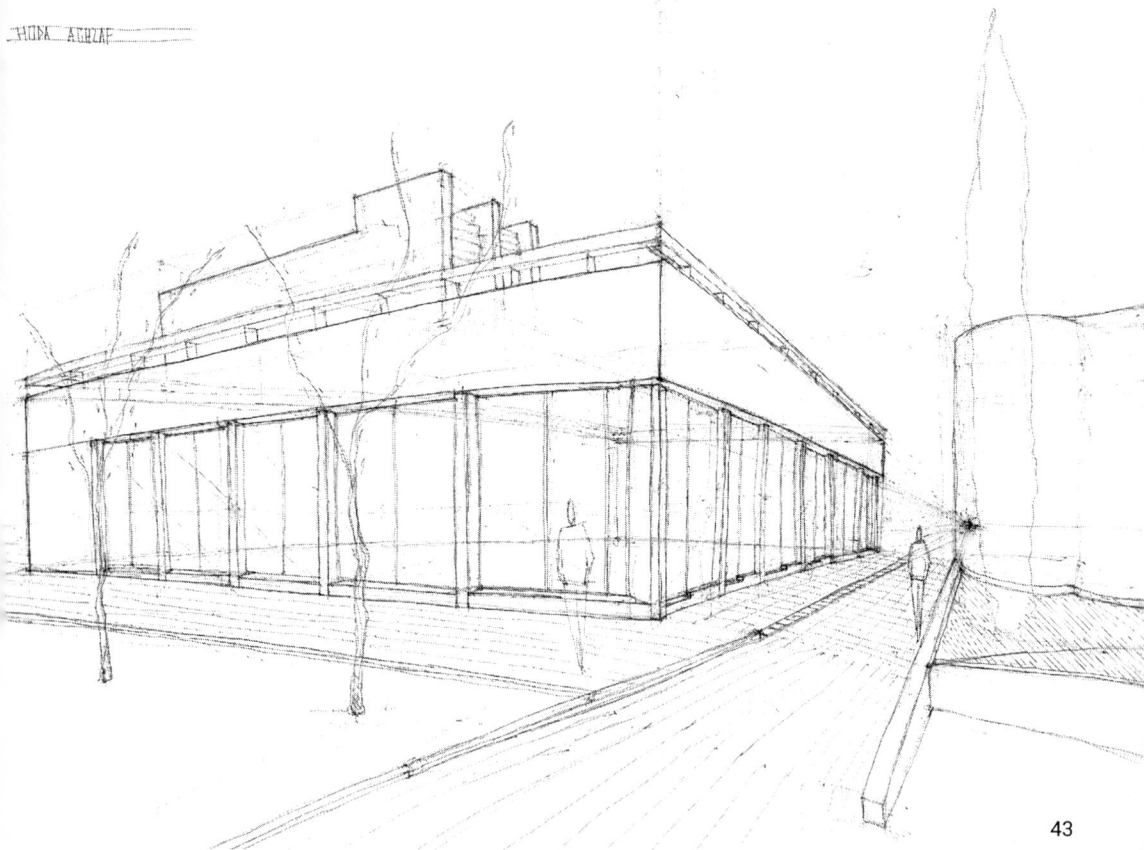

43

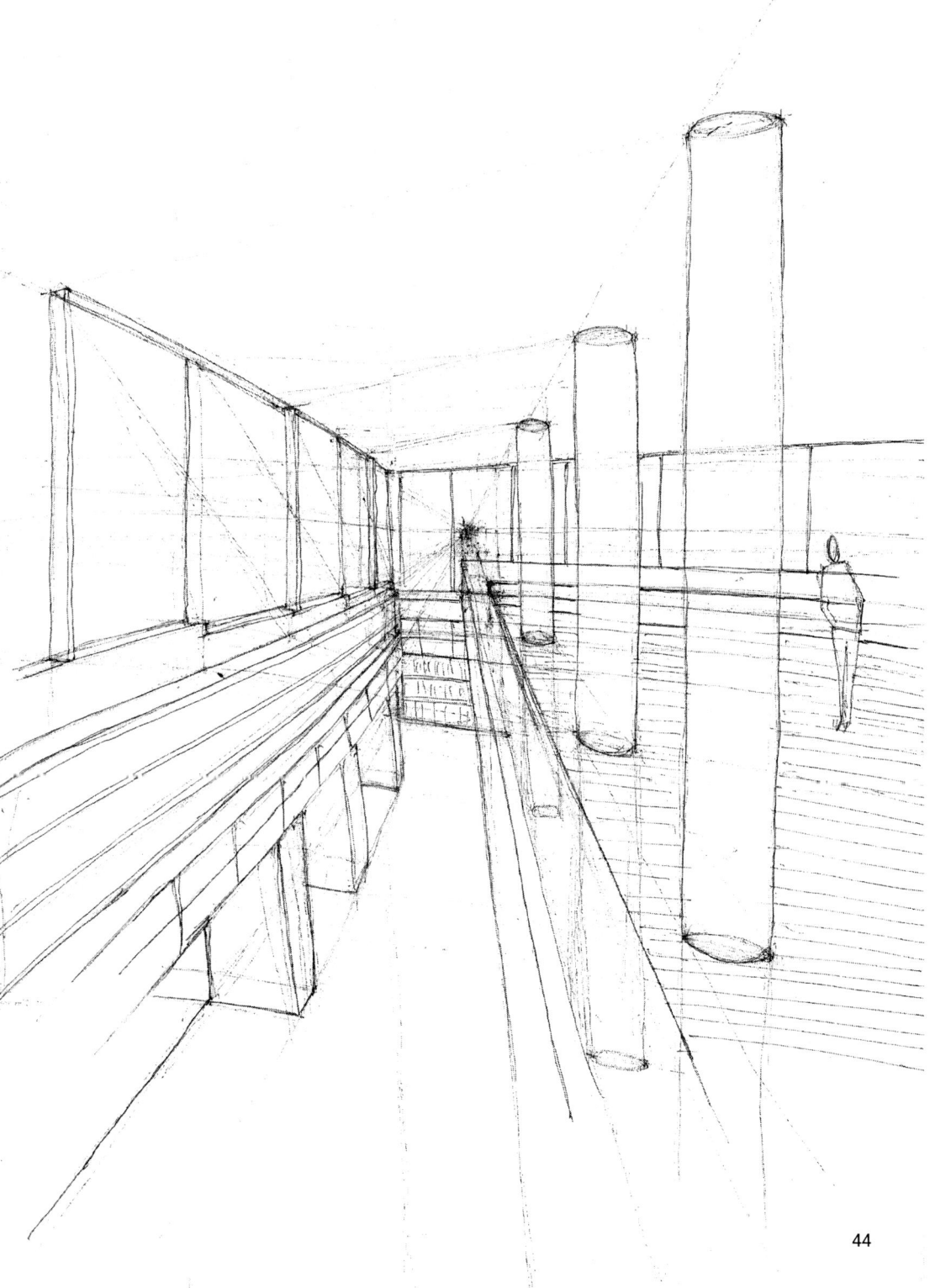

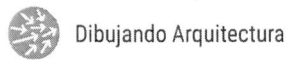

La secuencia espacial y los espacios dinámicos

Desde un punto de vista hegeliano, el espacio y el tiempo no existen por separado, sino que están siempre en estrecha coordinación. La negatividad del espacio es el tiempo y, gracias a este tiempo, podemos construir en el espacio.

Como recuerda Muntañola (1974: 23-24), en que "el lugar solo es espacio en cuanto es tiempo, y solo es tiempo en cuanto es espacio".[9]

En una secuencia de espacios, es el tiempo el que determina el espacio resultante, ya sea fluido, ralentizado o quebrado

Así pues, en los espacios no solo es importante la forma, su proporción y escala, sino también la secuencia y el orden entre ellos, es decir, su cadencia, su ritmo.

No es lo mismo descubrir el espacio de una plaza en medio de las calles estrechas de cualquier ciudad medieval, posiblemente una aparición inesperada y sorprendente, que llegar a la plaza de una ciudad del período ilustrado, de composición simétrica, que es la antesala de algún edificio representativo que ya se ha anticipado con la vista desde lejos.

Por otra parte, el cubismo, el futurismo e incluso el surrealismo aclaran que el espacio del habitar no es geométrico ni puramente visual, sino existencial y ligado a una experiencia concreta, en un lugar y en un tiempo específicos, de modo que la vivencia de la secuencia espacial determina si el espacio es fluido o encerrado, y no así su geometría..

La noción de espacio vacío, euclidiano, interior y tridimensional entra en crisis con la teoría de la relatividad, que lo asocia indisolublemente al tiempo y al movimiento. Un movimiento, entendido como sucesión de momentos concatenados. El concepto de fragmentos de tiempo, aclara a través de la literatura, sobre todo mediante la escritura fragmentaria, que no existe el tiempo sin actuación, de modo que el espacio tampoco existe sin actuación. Por consiguiente, lo que determina si un espacio es dinámico o no a priori no es su geometría, sino el hecho de experimentarlo.

Todas estas son cuestiones relacionadas con las secuencias de espacios y sus umbrales, que alteran sustancialmente el resultado final o, al menos, la percepción y la sensación de espacio.

---

9.   MUNTAÑOLA, J. (1974): La arquitectura como lugar. Barcelona: Gustavo Gili, p. 23.

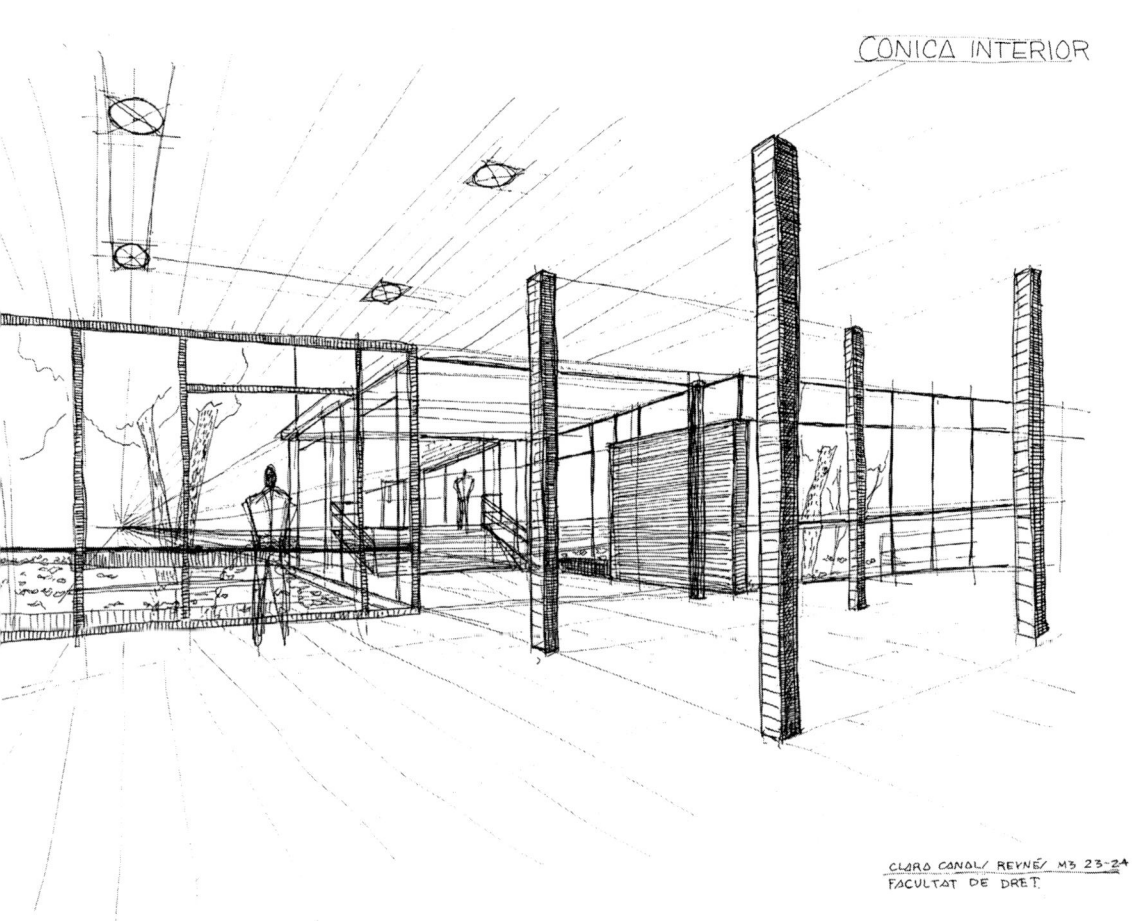

CONICA INTERIOR

CLARA CANALS REYNES M3 23-24
FACULTAT DE DRET.

45. Clara CANALS. Dibujo I.   Prof. Salvador Gilabert 2022.

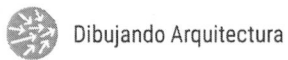
El espacio encerrado

"El cerramiento espacial es la tercera dimensión en que el hombre se encuentra y la especialidad es una manera de leer la materia interior a través del volumen exterior."[10]

La reflexión acerca del espacio en la arquitectura nos conduce a una situación intrigante, y acaso paradójica, que también se refleja en su representación gráfica. Si el espacio es precisamente lo que queda entre lo que realmente se materializa en la construcción de un edificio, su representación gráfica queda relegada a lo que está más allá de lo que se dibuja. Por tanto, el desafío de representar el espacio no difiere del desafío de concebirlo, ya que implica tanto lo que se encuentra entre las paredes como lo que se representa entre las líneas, tanto lo que existía antes de construir como lo que existía antes de dibujar.

Quizás por ello, el análisis gráfico de la arquitectura y su espacio constituye un campo de estudio muy enriquecedor y sugerente, que nos lleva a reflexionar sobre la naturaleza de los objetos construidos, los cuales alcanzan su verdadero significado no tanto por lo que materializan, sino por las expectativas del vacío que incorporan, que siempre espera ser llenado. Este espacio vacío puede ser tanto interior como exterior, tanto íntimo como público. No solo son importantes sus dimensiones y su geometría, sino también su escala en relación con el individuo, así como la forma en que la luz lo llena y lo define, al menos visualmente.

Se trata de una serie de espacios que se experimentan en una secuencia específica, estableciendo diferentes niveles de permeabilidad con respecto a los espacios adyacentes. Estos espacios conforman, en última instancia, el escenario para la experiencia humana, que es la que realmente llena estos vacíos. Las personas, sus actividades y sus recuerdos son los que pueden convertir estos espacios en lugares, y los vacíos en arquitectura.

10.LIPPS, T. (1893): *Raumästhetik und geometrisch-optische Täuschungen*, vol. II, fasc. IX-X, pp. 305-306.

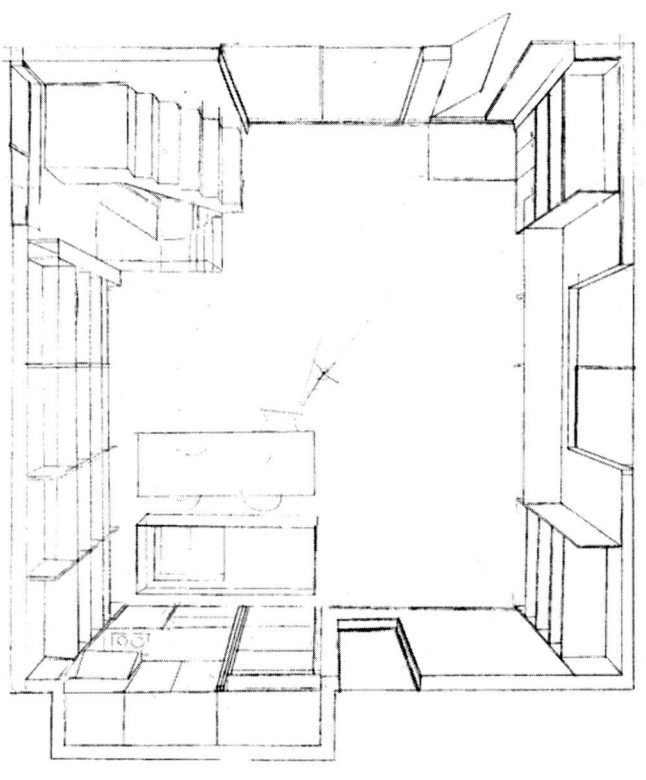

45 Alumno. Dibujo I.
Prof. Judit Taberna, 2022

8
La narrativa a través del dibujo
Salvador Gilabert

"En contra de todas las apariencias, es el dibujo, en su arbitrariedad, quien hace el pensar ser estricto. Y cabe incluso decir que, desde la seguridad que otorga la facilidad y la alegría de su manejo, el dibujo llega a favorecer la excentricidad en el pensar, el errar, la cercanía con lo equivoco y lo incierto [...]. Los dibujos, cuando son verdaderamente precursores, son arquitectura. Estos dibujos suelen dejar cortas las palabras. Son plurales. Se detectan en cuanto expresan el deseo y la inteligencia de forma económica; los dibujos –los buenos dibujos– hacen callar las palabras y las conminan a desaparecer."[1]

Entender la representación gráfica como mecanismo de comunicación supone añadir un atributo más a su mero carácter descriptivo-técnico. Debemos no solo proponer soluciones arquitectónicas adecuadas, sino también saber narrarlas gráficamente de

---

1. MARTÍNEZ SANTAMARÍA, L. (2008): *Intersecciones*. Madrid: Editorial Rueda.

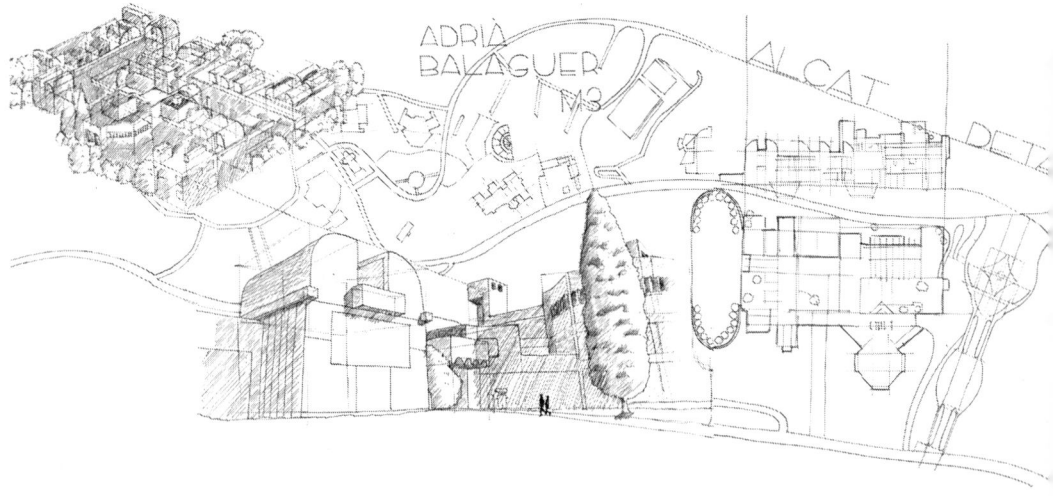

manera eficiente. Este aspecto comunicativo de la representación es el que se pretende analizar en el curso, para lo cual se desmenuzan todas aquellas variables que pueden interferir en el proceso.

Dada la proliferación creciente de los concursos de arquitectura como modo de iniciar la trayectoria profesional, se pretende facilitar el conocimiento de su metodología e introducir al alumno en la práctica de su elaboración gráfica.

El concepto se plantea, por tanto, con un enfoque fundamentalmente práctico, y su objetivo es proporcionar al alumno los conocimientos gráficos y de composición necesarios para que alcance la máxima eficacia expositiva en su presentación en un concurso de arquitectura. En este campo, el dibujo debe asumir otras cualidades, además de la mera representación técnica, unas cualidades que deben reflejar, de manera concreta y clara, el proyecto arquitectónico presentado, para su lectura correcta. Entendida así, la representación gráfica se analiza más como un medio de comunicación que como una herramienta de descripción técnica normalizada. Como forma de comunicación, la representación gráfica debe ser claramente expuesta, suficientemente descriptiva del objeto arquitectónico proyectado y visualmente atractiva para el espectador.

La *claridad*, la *concisión* y la *visualidad* se convierten en el trinomio que optimizará la lectura de nuestras propuestas arquitectónicas ante un jurado, lo cual derivará en una óptima *eficacia expositiva*.

46. Adrià Balaguer Prof. Salvador Gilabert 2023.

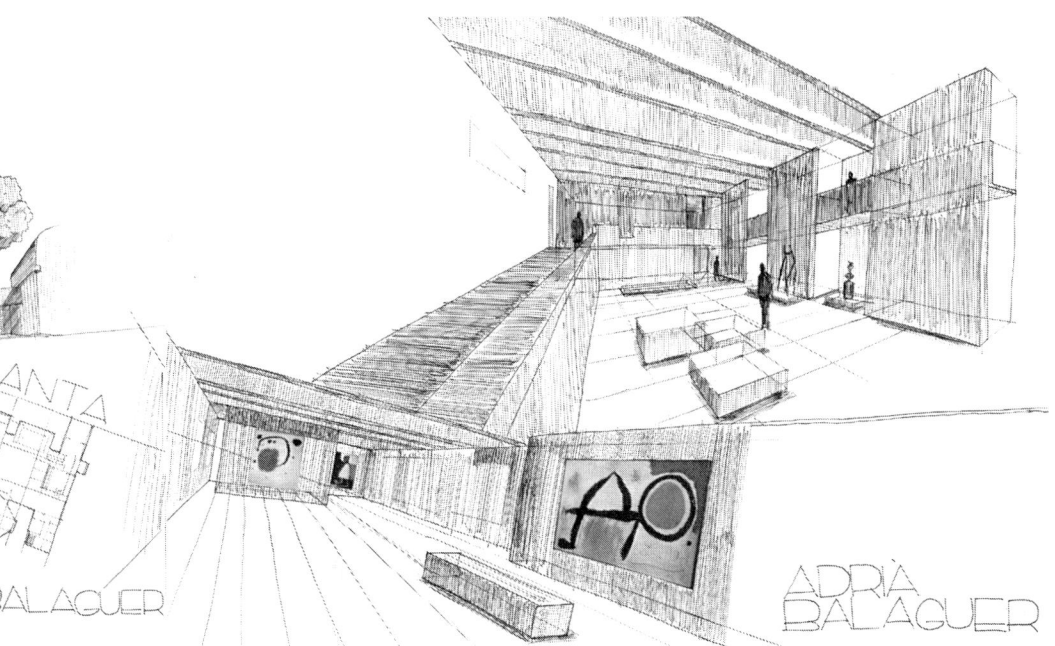

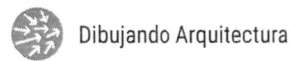

Es lo que denominamos *presentación gráfica sintética*. Esta vertiente semántica o comunicativa del dibujo es más visual que concreta, y como tal se rige por unas leyes visuales que deberemos analizar.

Por todo lo anterior, se inicia el curso con una introducción a los principios básicos de la percepción visual, en que se ponen en conocimiento del alumnado algunas de las teorías de la psicología de la forma, como la *Gestaltpsychologie* o la gramática gráfica-compositiva de Vassily Kandinsky expuesta en su libro *Punto y línea sobre el plano. Contribución al análisis de los elementos pictóricos.*

Se analiza la percepción de la forma a partir de su propia configuración, basada en las leyes de la proximidad, de la igualdad, del cerramiento, del destino común y del movimiento común y, en general, en la ley de la pregnancia, que abarca propiedades como la regularidad, la simetría, la armonía del conjunto, la homogeneidad, el equilibrio, la sencillez y la concisión. La relación entre el fondo y la figura, las tensiones visuales producidas por la estructura formal, la influencia visual de la posición de lo expuesto en el formato y su relación tensional con los límites del papel o del plano de apoyo son otros de los postulados estudiados, que permitirán añadir a la representación gráfica ese aspecto comunicativo deseable en la presentación.

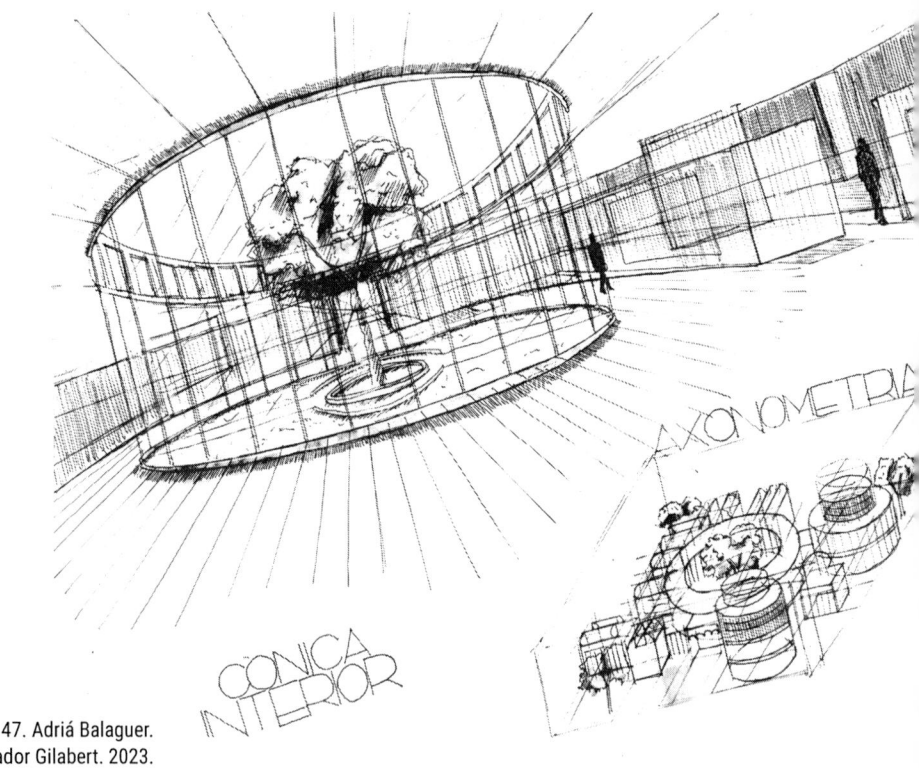

47. Adriá Balaguer.
Prof. Salvador Gilabert. 2023.

Se propone que, tal como definía Kandinsky, "la composición no es más que una organización exacta y regular, en forma de tensiones, de las fuerzas vivas encerradas en los elementos". Si bien esta definición se establece para los elementos pictóricos, bien podríamos trasladarla a los dibujos de presentación arquitectónica, entendidos como tales. No obstante, debemos de asumir que este tipo de dibujo trasciende el carácter artístico de la pintura, pues su objetivo último es la definición de un objeto arquitectónico y, como tal, deben representarse aquellas características funcionales, programáticas, constructivas, volumétricas y visuales que son inherentes al hecho arquitectónico. Igualmente, la composición de la presentación a un concurso adquiere en sí misma carácter arquitectónico, pues se configura por las relaciones visuales entre los diferentes elementos gráficos expuestos y que, en último instancia, estructurarán el conjunto. Pensemos que, tal como afirma I. Arauco, "la forma arquitectónica es una estructura de elementos y relaciones jerárquicamente ordenados en busca de la totalidad, de la unidad". Ambos momentos creativos son el resultado de un proceso de ideación y ejecución por el cual se interrelacionan los elementos constitutivos gracias a unas jerarquías de intenciones. Es decir, al componer un panel de presentación de un proyecto se construye una estructura unitaria por medio de una serie de mecanismos de articulación de las partes que la configuran; de ahí su carácter arquitectónico.

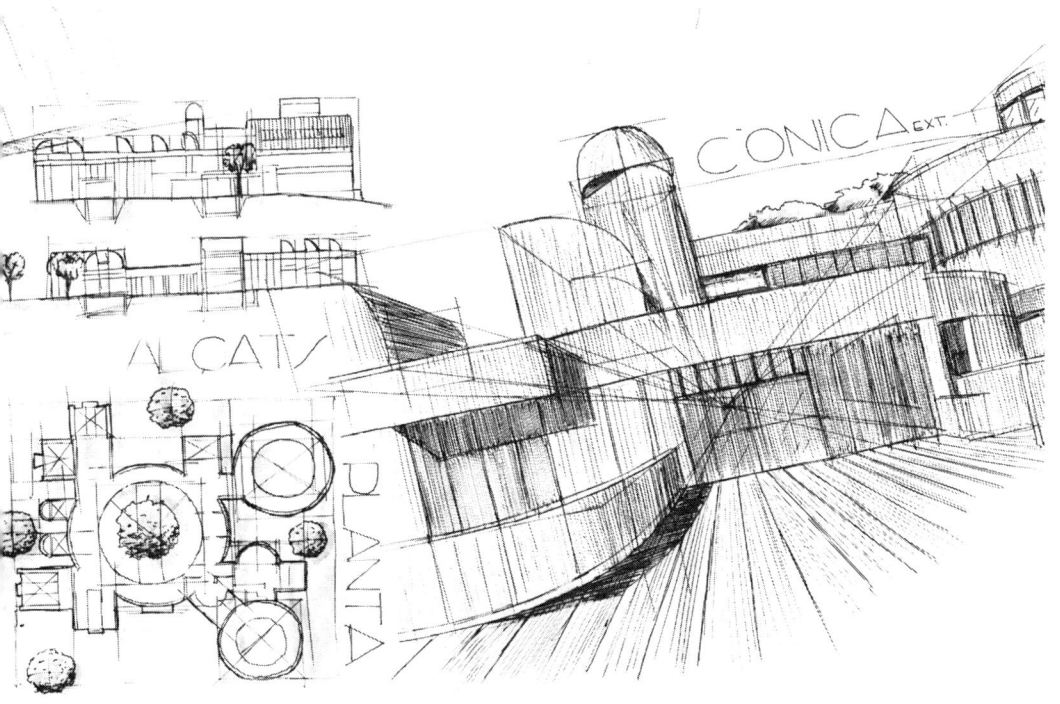

9
El bloc de bocetos

El bloc de bocetos y el cuaderno de viaje son indispensables para todo arquitecto, pues son la constatación y materialización de la esencia de una arquitectura o una idea, una reflexión o impresión del proyecto arquitectónico o un paisaje visitado por uno mismo.

Es el lugar donde plasmar las primeras sensaciones en relación con el objeto o la arquitectura experimentada. Implica trasladarlas al papel mediante la elección de los elementos básicos del dibujo, eligiendo las líneas que las representan.

El bloc es el punto de encuentro donde practicar varias técnicas del dibujo y trabajar los diferentes aspectos de la representación, junto con la asignatura de Proyectos, con el objetivo de afianzar la técnica del dibujo a mano de manera transversal.

Utilizando los cuadernos a modo de bitácora de viaje, se pueden expresar en ellos mucho más que meras geometrías. Al viajar, se perciben olores y colores de formas muy diferentes a como son en una imagen; también se percibe una atmósfera especial que, en ocasiones, casi se puede tocar con la mano. Precisamente a través estas ideas más abstractas, podemos hacer nuestro un medio de representación más personal y único.

Un ejemplo claro de ello puede ser el repertorio de cuadernos que realizó Le Corbusier en su viaje a la India para construir una ciudad moderna, la nueva Chandigarh, en 1950, donde nos dejó, además, un elenco de bocetos, dibujos, pinturas, murales, esculturas, viviendas, edificios públicos, etc.

El legado de Le Corbusier nos enseña, como él mismo explica, que "el dibujo es un lenguaje, una ciencia, un medio de expresión, un medio de transmisión del pensamiento. En virtud de su poder perpetuador de la imagen de un objeto, el dibujo puede llegar a ser un documento que contenga todos los elementos necesarios para poder evocar el objeto dibujado, en ausencia de este".[1] Sería como dar fe de lo encontrado; una representación de la realidad.

---

1. Le Corbusier, 1968.

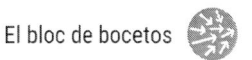

Y, más adelante Le Corbusier, sigue explicando: "Para un artista, el dibujo es un medio por el cual investiga, escruta, anota y clasifica; es el medio de servirse de aquello que desea observar y comprender, y luego traducir y expresar."14 Y, por este camino, comprender y traducirlo en algo nuevo.

Es empezando a proyectar que el paisaje capturado previamente influye en su mente, combinado con la intención, para generar algo nuevo —en este caso, la nueva ciudad de Chandigarh.

Por otro lado, las ideas se comienzan a transformar en algo real cuando se empiezan a plasmar en un papel, y el bloc es uno de los primeros soportes en que el arquitecto empieza a materializar sus dibujos. Así pues, comienza a trabajar ese pensamiento a través del dibujo y encuentra esa primera realidad, materializada en sus bocetos o en sus apuntes mentales.

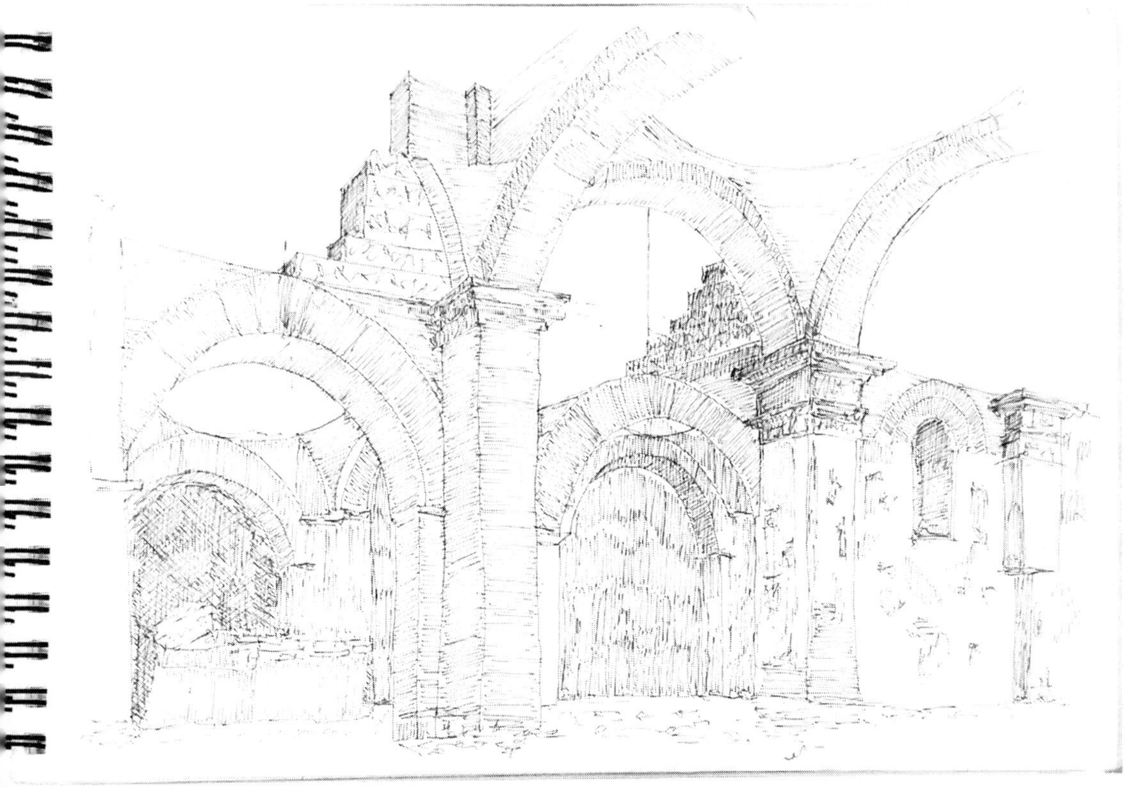

48. Raquel PLANAS VEGA. Bloc A4. Lápiz de grafito, 2022.

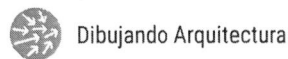

Utilizar en los cuadernos dibujos, papeles pegados o recuerdos y textos constituye, en ocasiones, el eje de una composición creativa que pone de manifiesto la observación personal de paisajes, arquitecturas, pensamientos o ideas.

Podemos dirimir, pues, un abanico de opciones a la hora de rellenar el bloc de dibujo y viajes: apuntes, bocetos, croquis, dibujos de detalles, dibujos de representación y análisis de un edificio y ciudad, dibujos de síntesis de lo observado, dibujos de abstracción de sensaciones vividas, dibujos de recuerdos...

Por su parte, el alumno puede utilizar diferentes técnicas gráficas como: lápiz de grafito, lápices de colores, carboncillo, tinta china, bolígrafos y acuarelas, así como composiciones y *collages*.

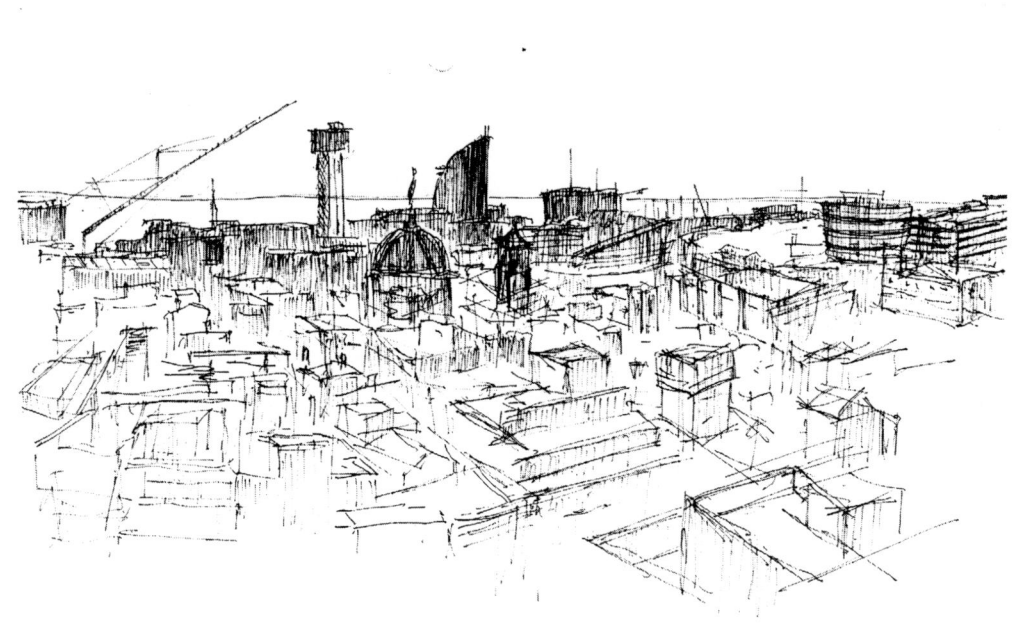

49. Mikki GALLARDO. Bloc. A5.Tinta, 2023.

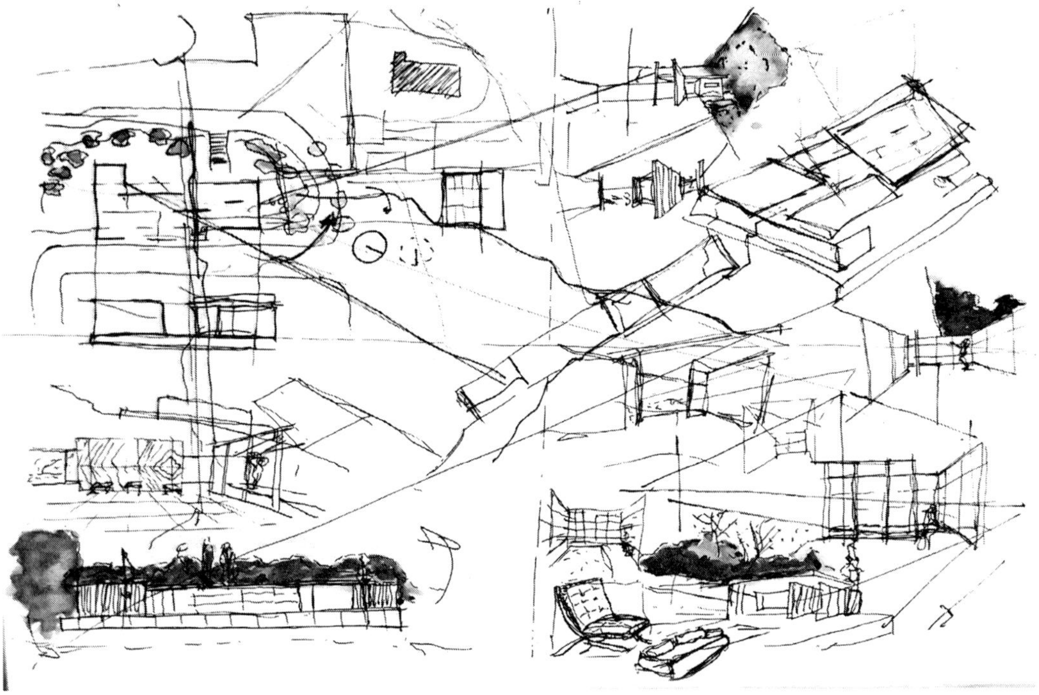

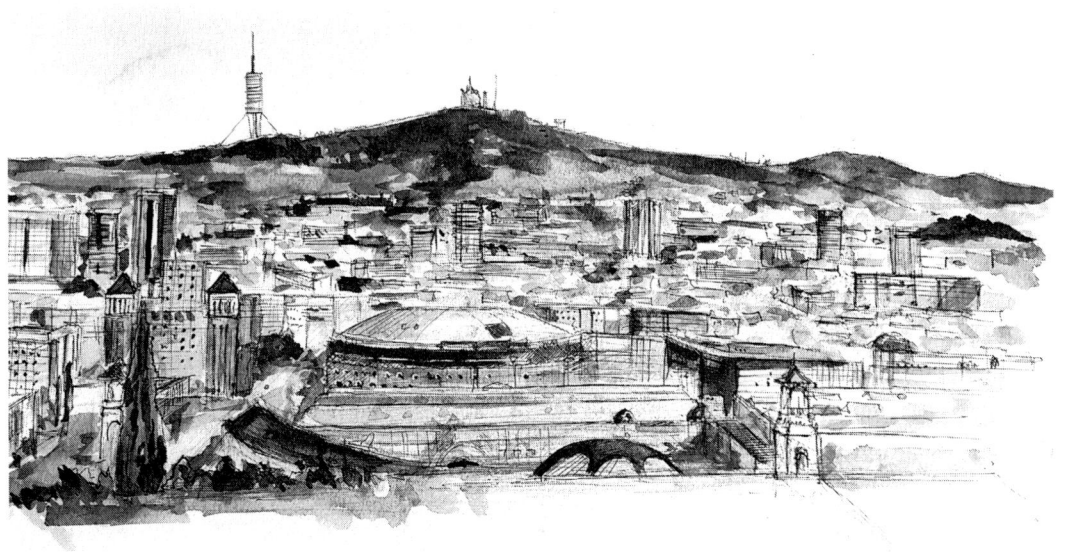

50. Matías PASTOR. Bloc A5. Tinta 2022, Paula Torres Santaulària. Acuarela 2024. Prof. Pasqual Bendicho.

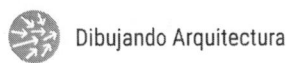

Tipología de ejercicios

En una primera fase de aprendizaje, el observador se encuentra siempre delante del objeto a analizar. Se profundiza en el conocimiento formal en unas condiciones espaciales conocidas y controladas. En una segunda fase, se pretende que el observador conozca e interprete la arquitectura en un espacio complejo, por lo cual se procede al trabajo combinado en el aula y en el espacio urbano.

Ejercicios prácticos

El análisis del objeto arquitectónico

Ver; cambiar la mirada para que se convierta en un instrumento para conocer; pasar del simple mirar al complejo analizar; descubrir que la forma responde a un determinado sentido organizativo, que el azar aquí cuenta poco, que el conjunto que se intenta comprender tiene sus leyes, que organizan la complejidad formal que se muestra a la mirada y que esa complejidad formal encierra un sentido determinado, si cuenta con la necesaria armonía, equilibrio formal y satisfacción funcional, si todo ello responde a criterios coherentes en sí mismos y con el medio donde se inserta, probablemente nos parecerá hermoso y gratificará la mirada que intenta comprenderlo.

En el dibujo de análisis, se trabaja para comprender la arquitectura que se nos muestra. El dibujo de esta forma se instrumentaliza para convertirse en un metalenguaje, que permite estudiar y analizar otro lenguaje, el arquitectónico. Es la distinción que se establece entre el dibujo como instrumento operativo para el análisis del organismo arquitectónico ya construido y el dibujo de proyecto, el dibujo de ideación, de creación. Esta distinción es necesaria para situar las coordenadas del aprendizaje en que nos movemos en el primer curso de la carrera, y esta distinción conviene para que nuestros estudiantes entiendan la necesidad de aprender el oficio gráfico, ya sea para entender o para poder expresarse a sí mismos como futuros arquitectos.

El dibujo como medio operativo se convierte en un instrumento de análisis a través del cual se puede controlar y estudiar la arquitectura propuesta, así como recorrer la secuencia arquitectónica real a través de los modelos propuestos para su conocimiento y aprendizaje.

El organismo arquitectónico es una realidad compleja y de difícil lectura al inicio de la carrera. De esta forma, a través del modelo gráfico, puede descomponerse en diferentes representaciones gráficas, y así facilitar su lectura y comprensión. Este método permite controlar los aspectos particulares, como las relaciones espaciales, las volumétricas, las derivadas de la estructura portante, la forma misma y los demás elementos que conforman la arquitectura propuesta para su análisis y conocimiento.

Se trata, en definitiva, de construir una identidad sobre el sistema de relaciones en que se organiza la arquitectura construida y el modo en que se establecen estas relaciones.

Se obtiene así una analogía en la cual se hace comprensible la ley que regula la organización de las partes y los elementos conformadores de la obra en cuestión

El dibujo utilizado de este modo adquiere una relevancia insustituible para la comprensión de la arquitectura, desde su fase proyectual. Y, paralelamente, introducimos al alumno en la adquisición del lenguaje gráfico imprescindible para la elaboración de un pensamiento formal y su expresión en soportes traducibles a cualquier nivel tecnológico.

10
Ejemplos y trabajos de los alumnos

El dibujo estructurado: la axonometría y la cónica

A. ARQUITECTURA, FORMA Y COMPOSICIÓN
    a.1. Geometrización
          Análisis geométrico
          Volúmenes y articulaciones
          Ejes, simetrías y asimetrías
          Relación forma-función
    a.2. Volumen
          Superficies frontera:
          Compacidad y transparencia
          Relaciones de permeablidad
          visual:Interno-externo
          Penetraciones y maclas

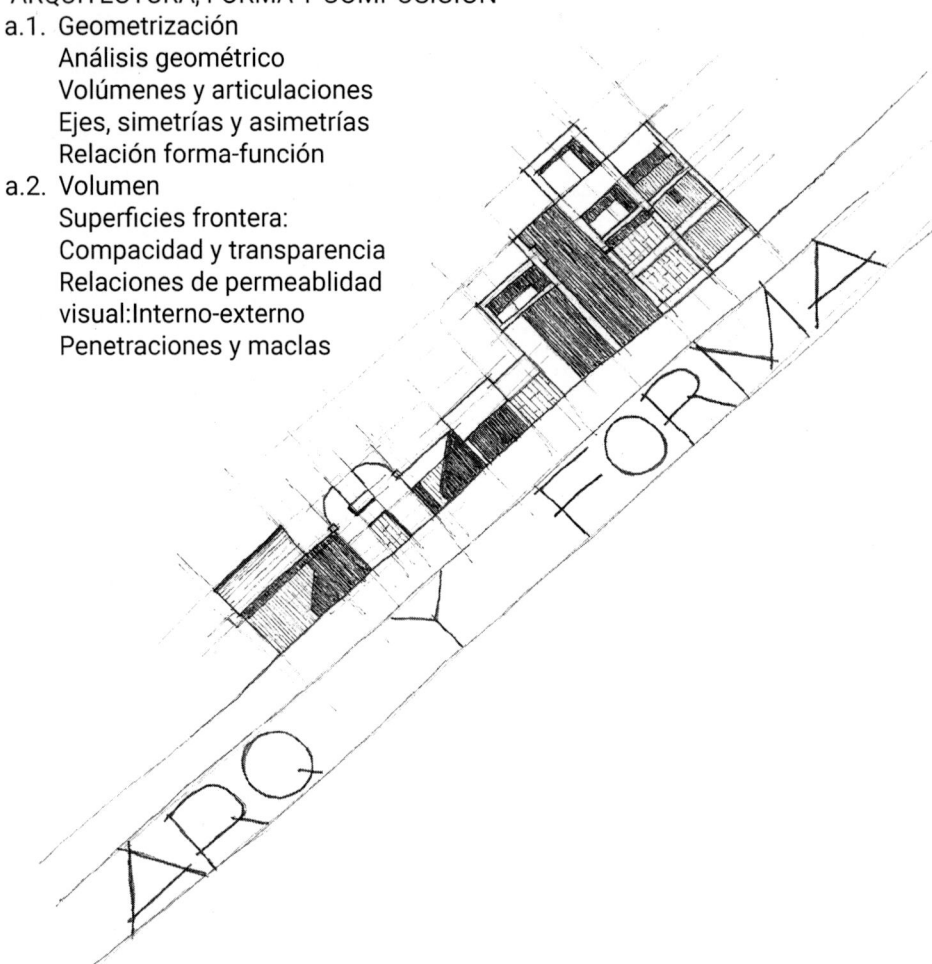

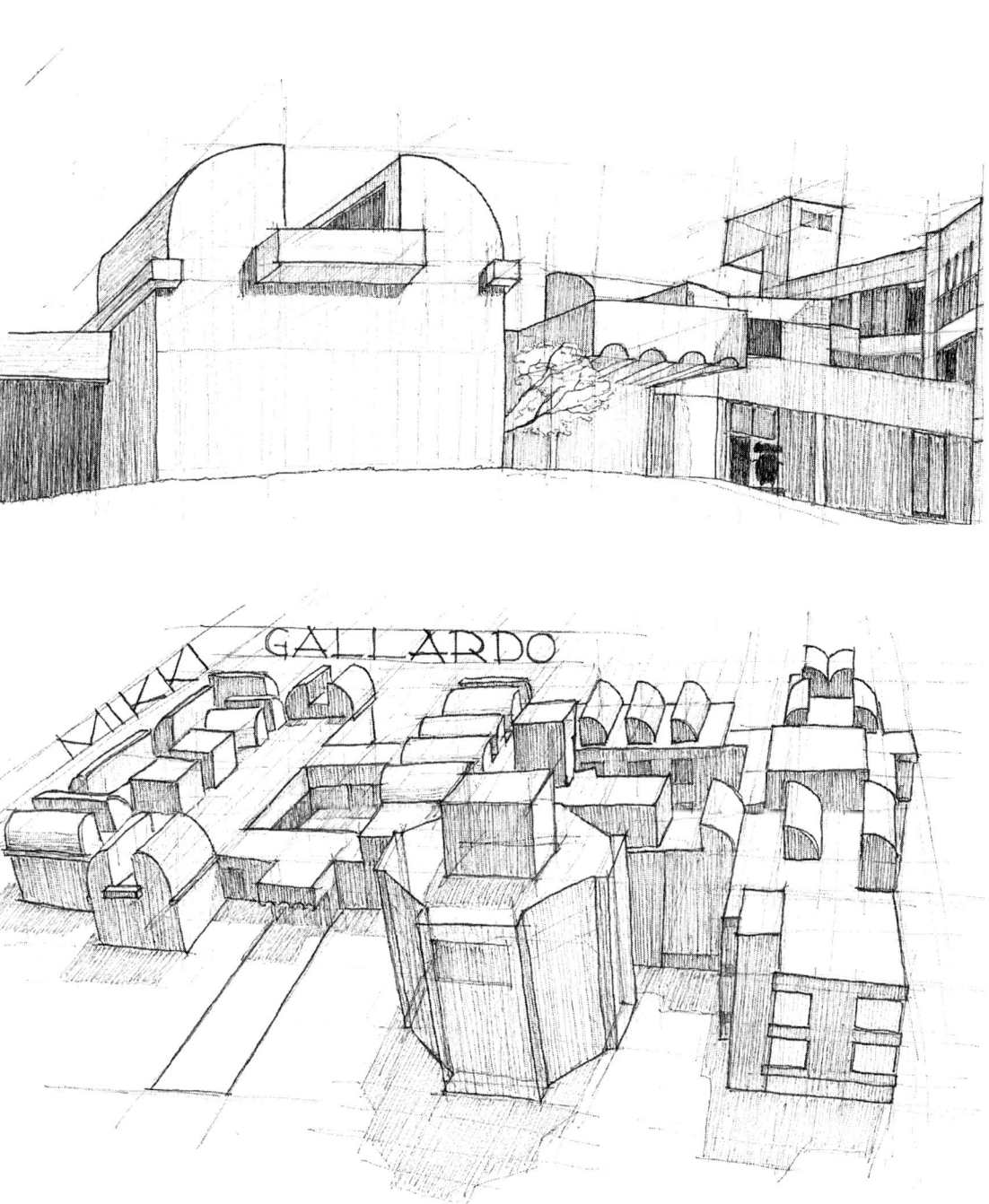

51. Mikki GALLARDO. Prof. Salvador Gilabert 2023.

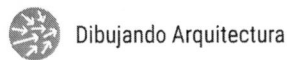

Arquitectura y espacio, cónica de dos puntos de fuga

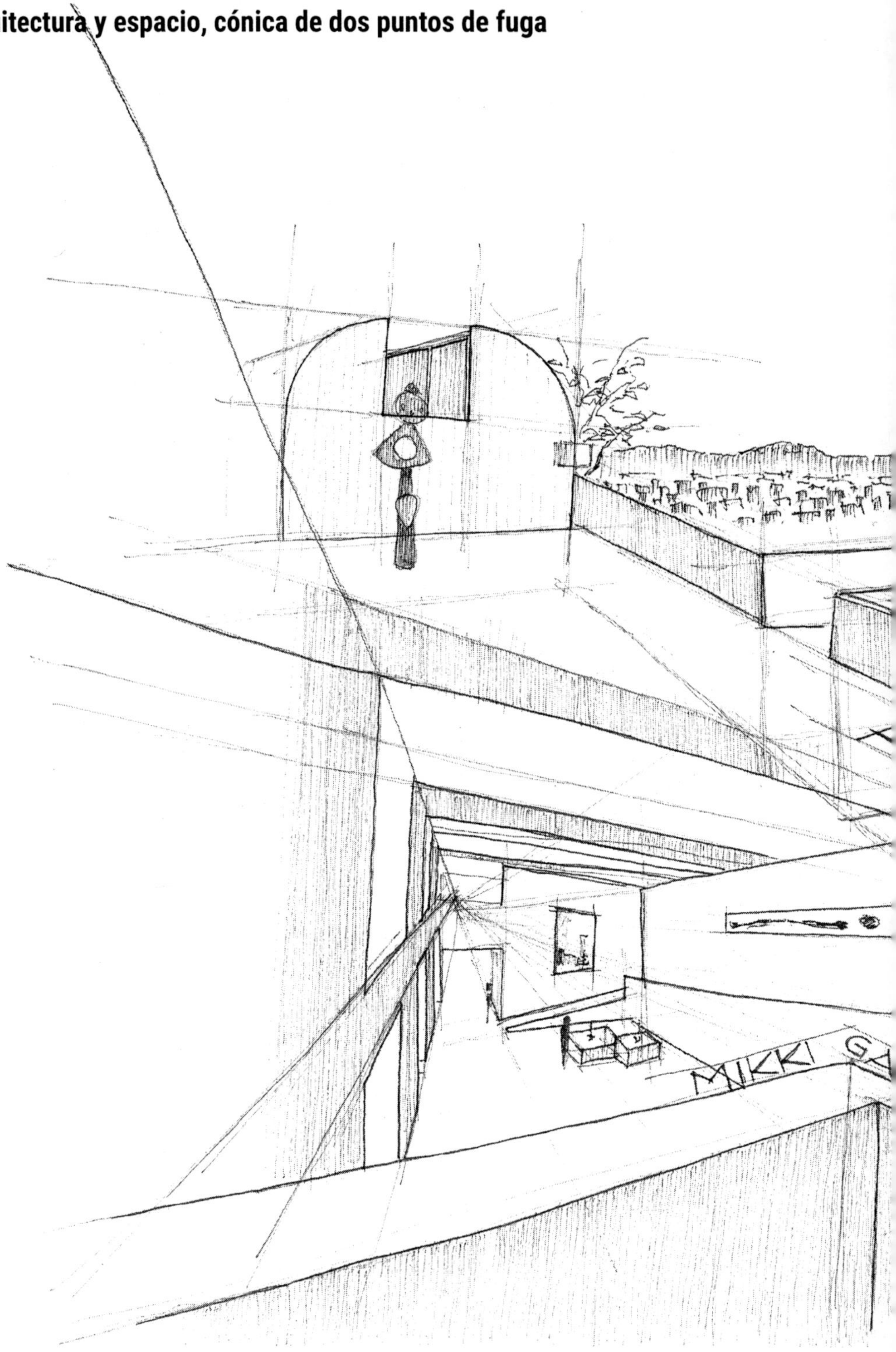

52. Mikki GALLARDO. Prof. Salvador Gilabert 2023

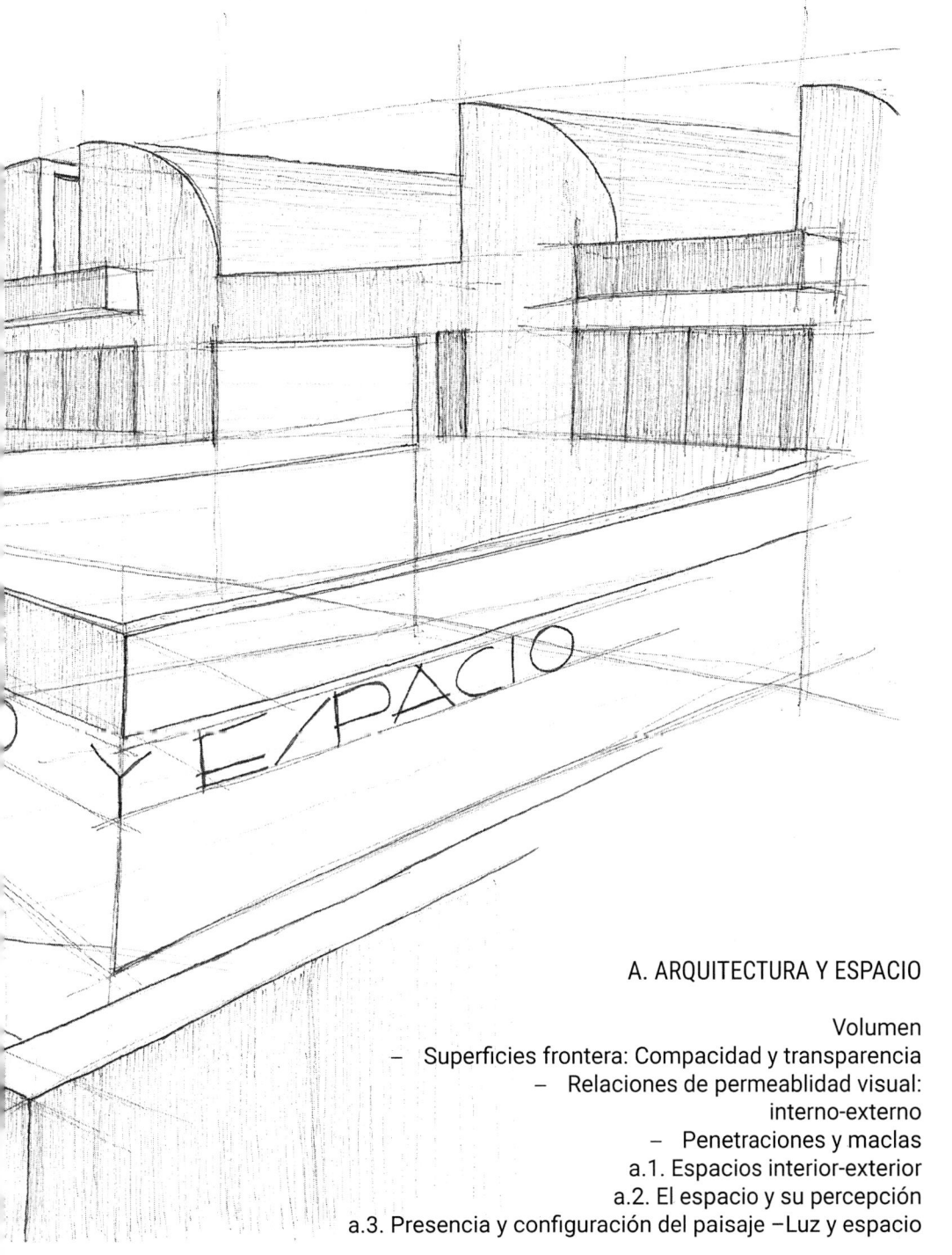

A. ARQUITECTURA Y ESPACIO

Volumen
– Superficies frontera: Compacidad y transparencia
– Relaciones de permeablidad visual:
interno-externo
– Penetraciones y maclas
a.1. Espacios interior-exterior
a.2. El espacio y su percepción
a.3. Presencia y configuración del paisaje –Luz y espacio

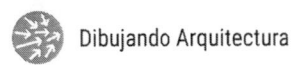

Composiciones de arquitectura, forma, composición y espacio

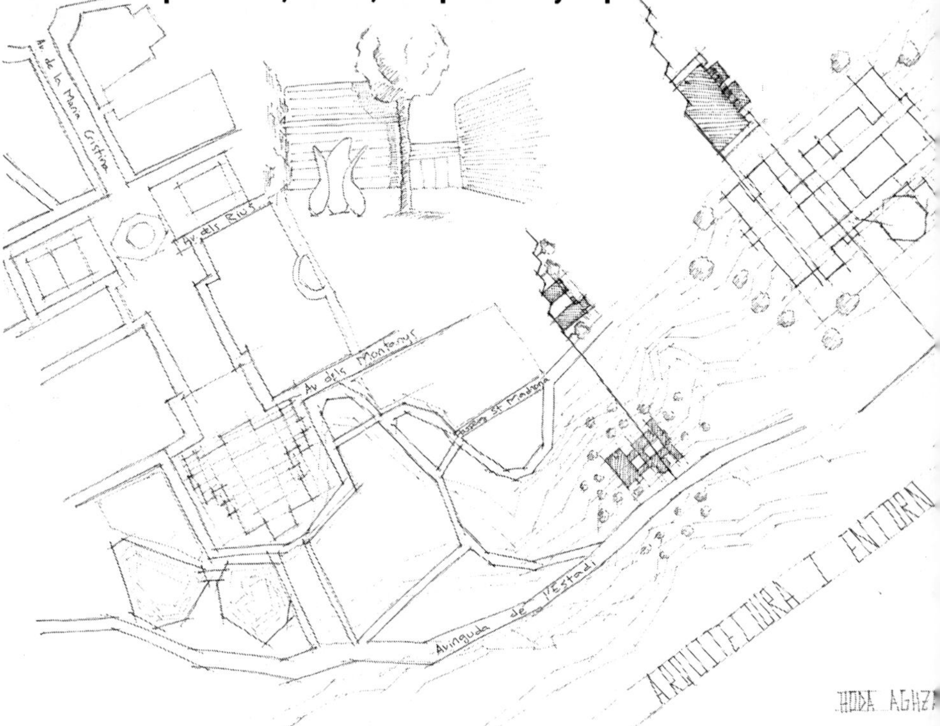

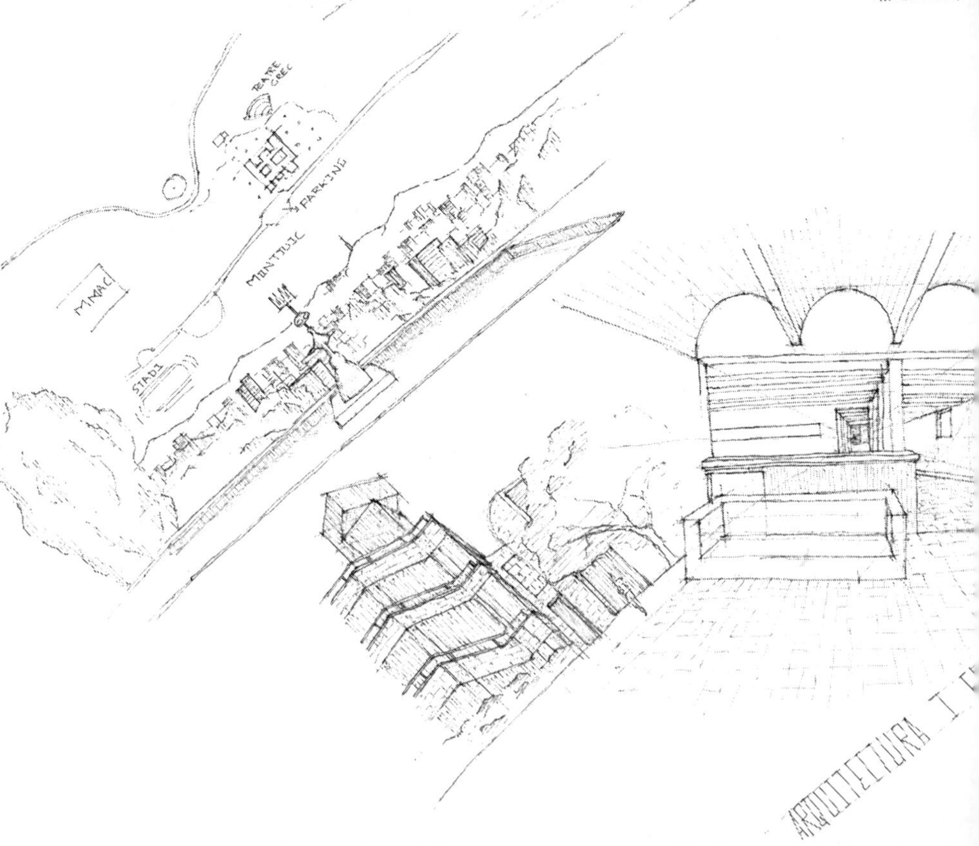

53. Hoda AGHZAF. Prof. Salvador Gilabert 2023

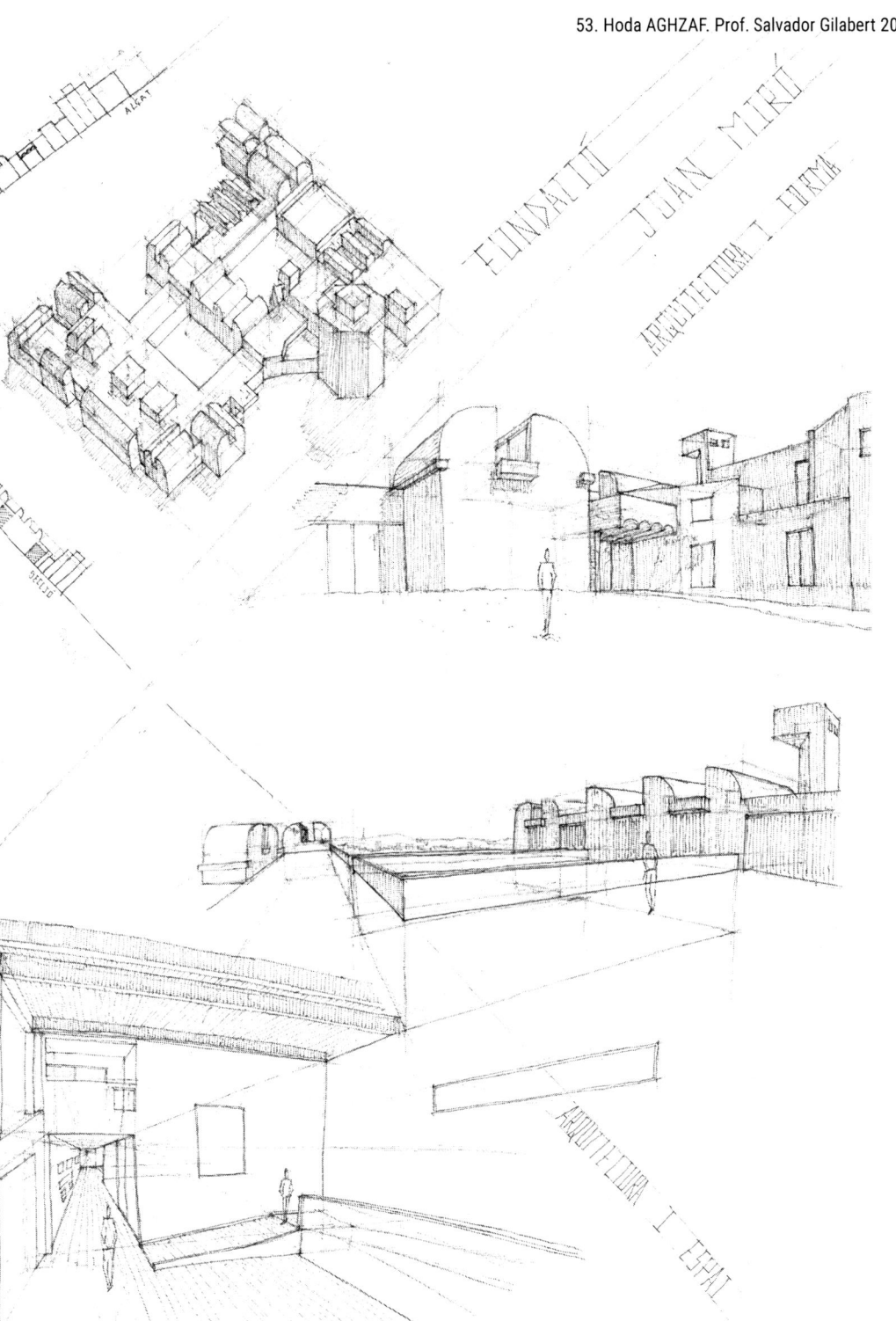

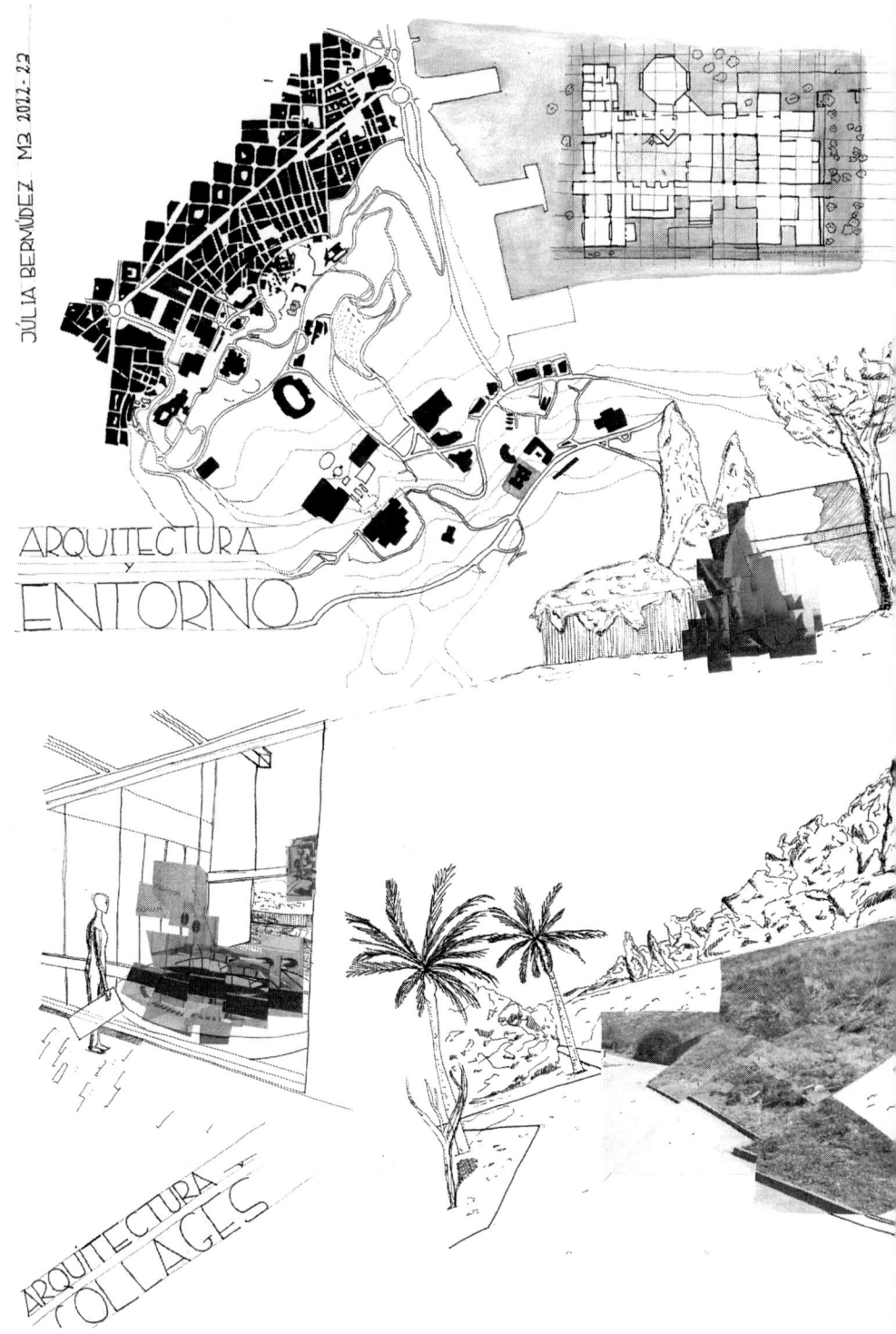

ARQUITECTURA
Y
ENTORNO

ARQUITECTURA
COLLAGES

JÚLIA BERMÚDEZ M2 2022-23

54. Júlia BERMÚDEZ. Prof. Salvador Gilabert, 2023.

JULIA BERMÚDEZ M3 2022-23

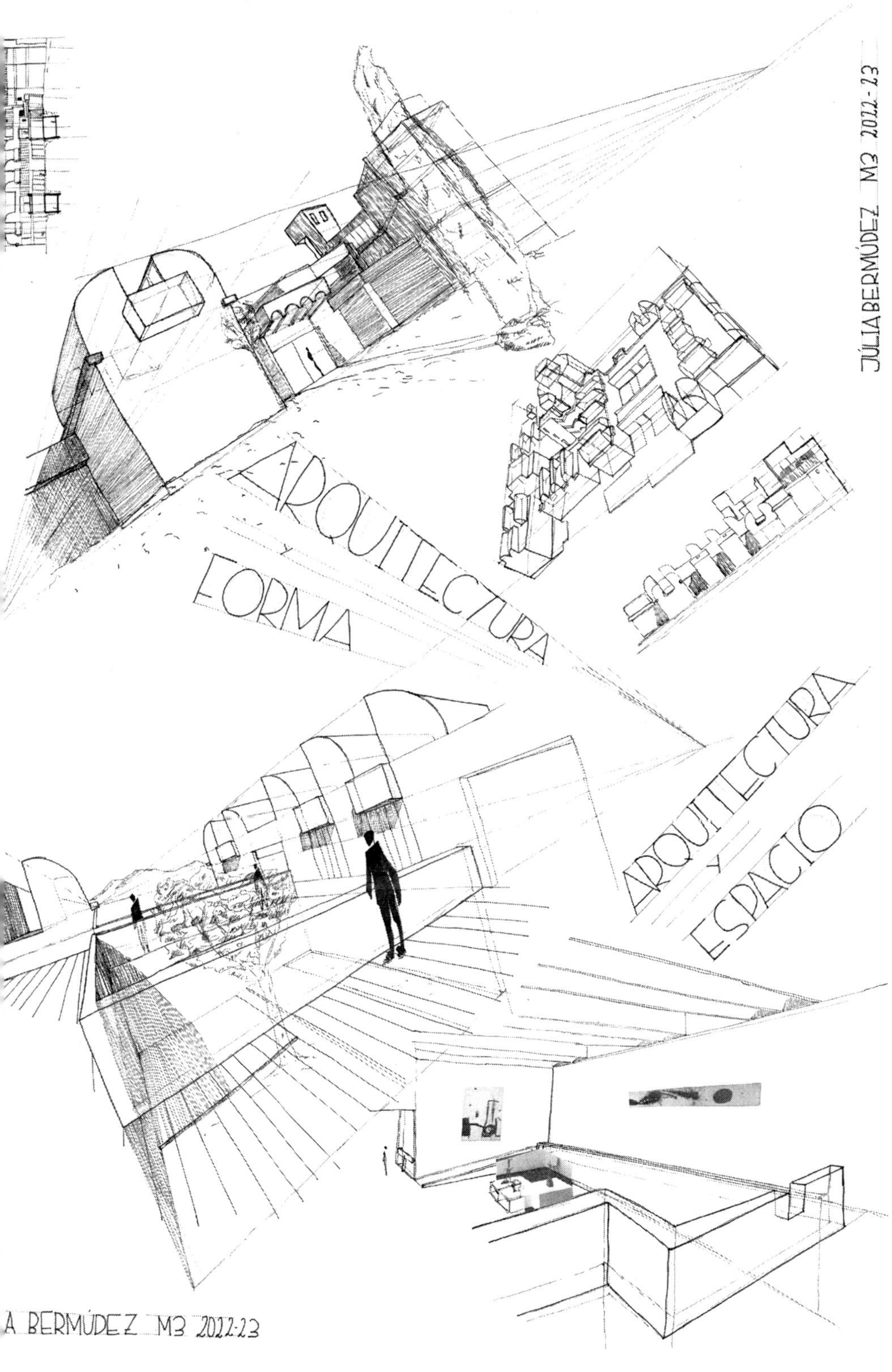

ARQUITECTURA Y FORMA

ARQUITECTURA Y ESPACIO

A BERMÚDEZ M3 2022-23

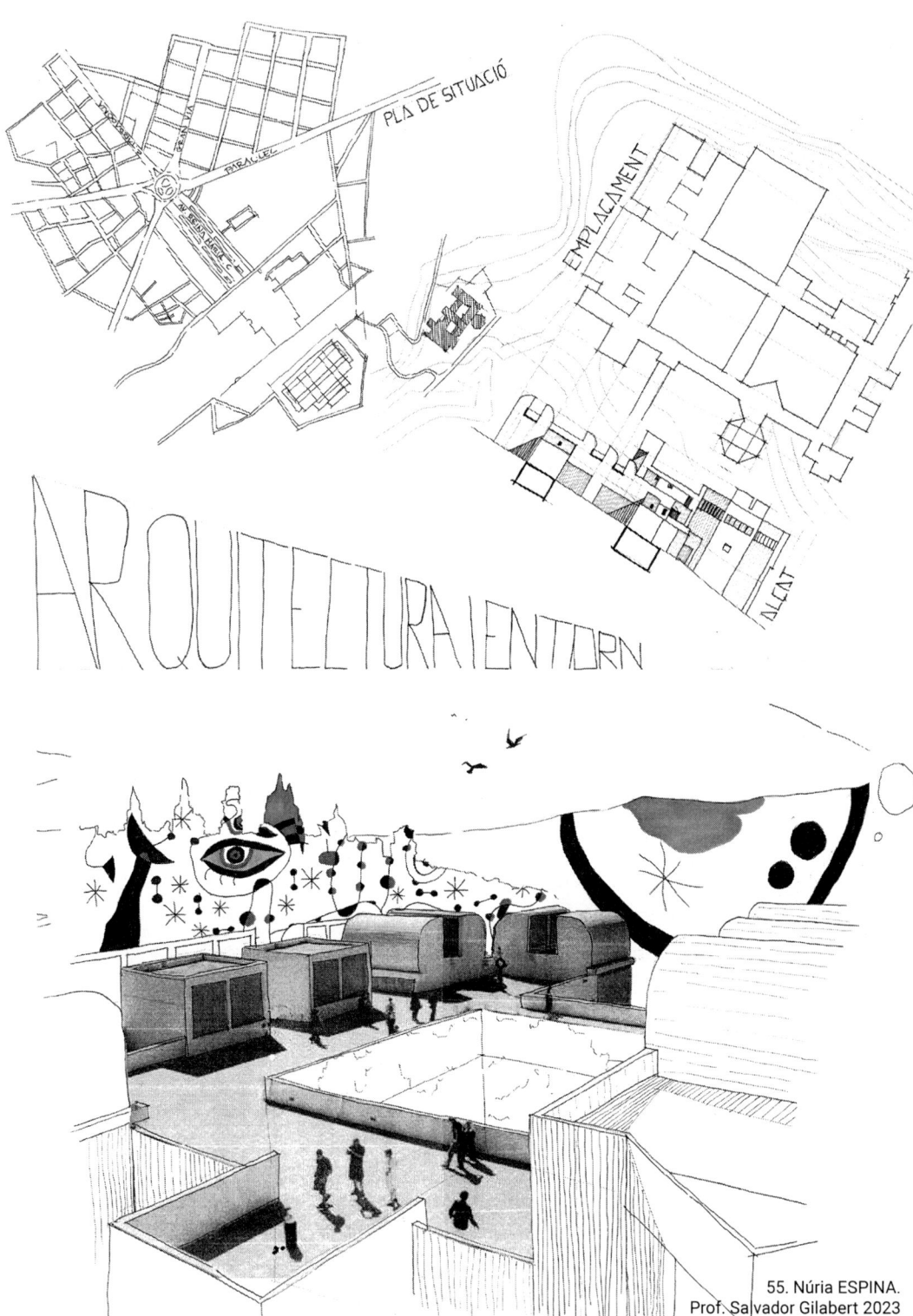

55. Núria ESPINA.
Prof. Salvador Gilabert 2023

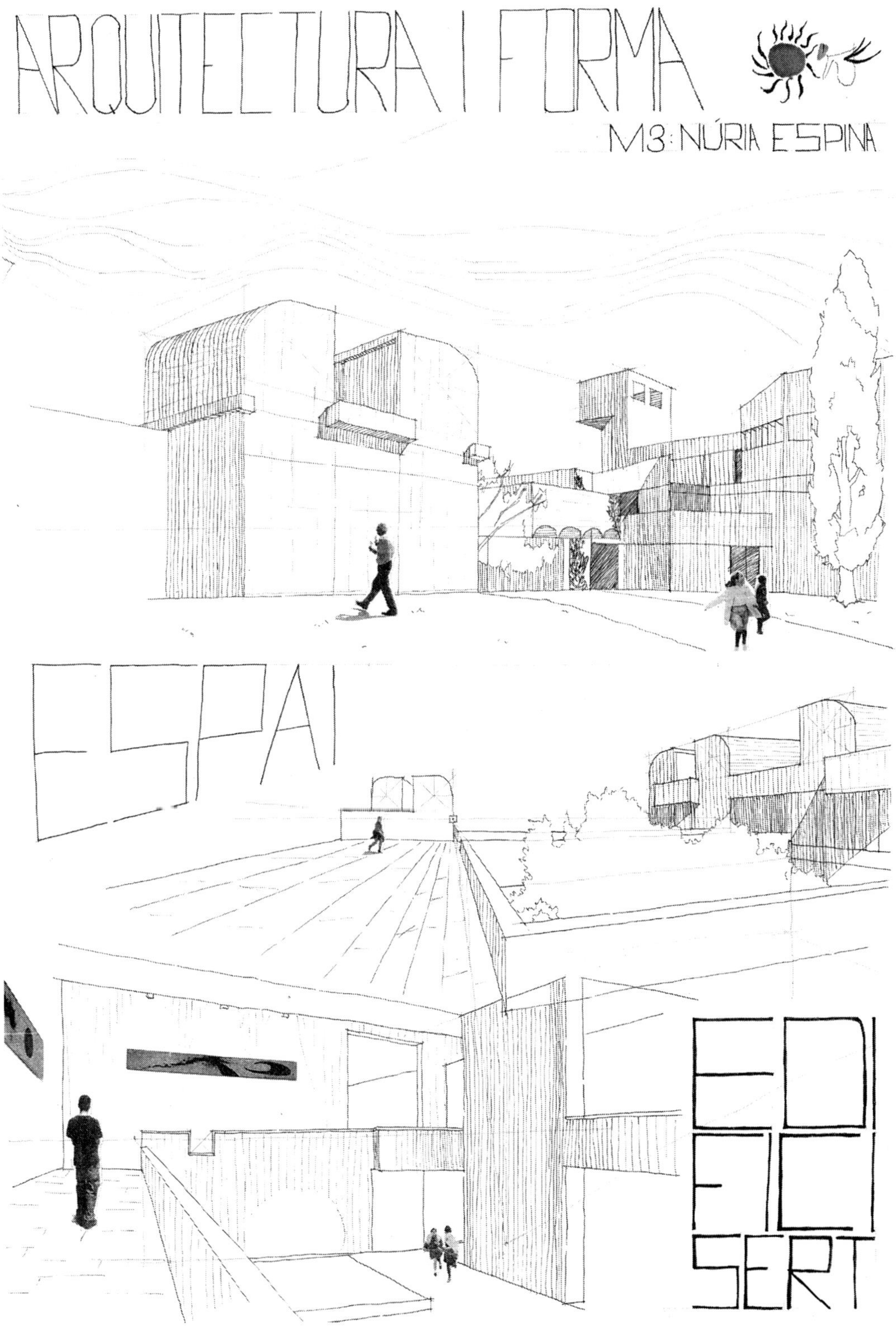

ARQUITECTURA I FORMA

M3: NÚRIA ESPINA

ESPAI

EDIFICI SERT

Dibujo II

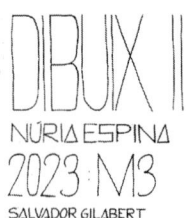

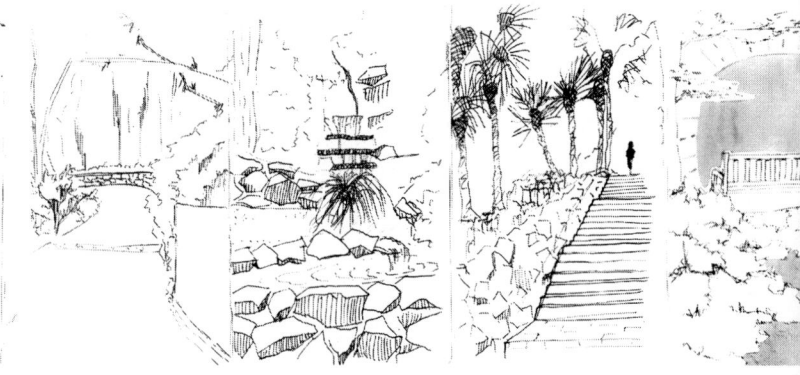

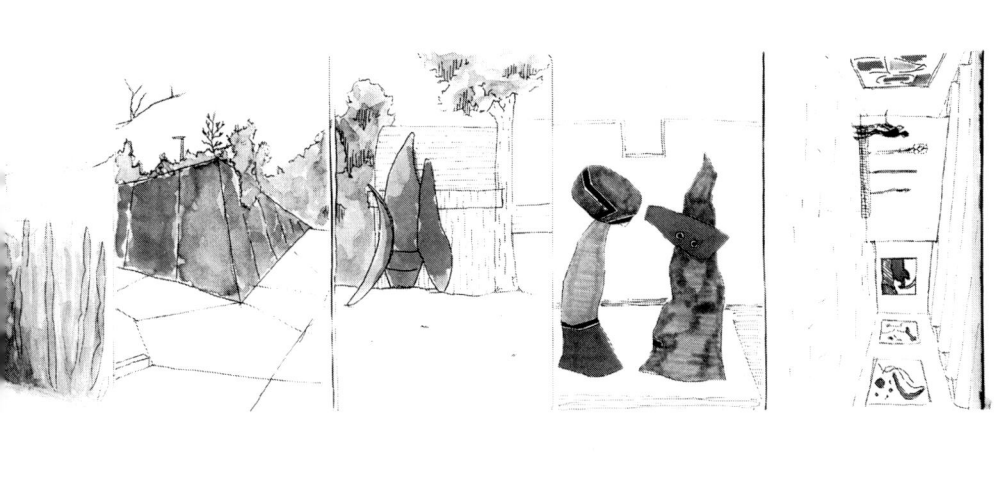

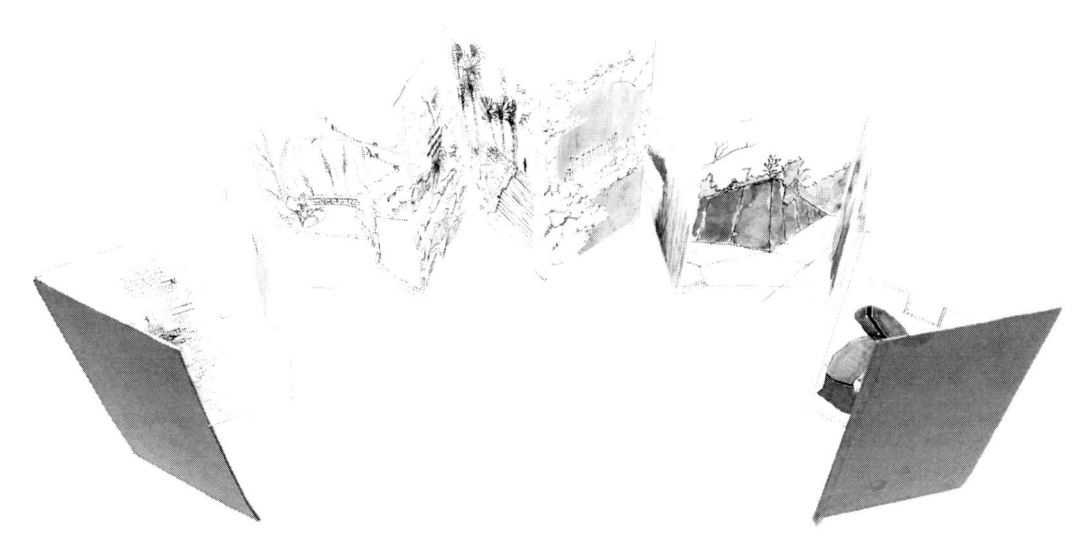

11
Aproximación atenta
Héctor Mendoza e Isabel Zaragoza

"Cuántas cosas de la mente se transformarían ante nuestros ojos si aumentara un poco la duración máxima en que mantenemos la atención." (Valery 1973)

Hemos tenido la oportunidad de acompañar a estudiantes con aptitudes y actitudes diversas hacia el acto de dibujar. Estudiantes brillantes que, más allá de su interés o su anhelo por aprender las técnicas o herramientas gráficas, descubren mediante un dibujo atento el gran secreto del "disfrute en el hacer" (Rodríguez, 2020), el placer de desarrollar la sensibilidad por la arquitectura a través del dibujo manual.

Recuerdo el día en que iniciábamos un ejercicio propedéutico sobre gradientes y contrastes utilizando la acuarela. Un estudiante se acercó y me pidió opinión –por no pedir permiso– sobre utilizar el iPad Pro y su correlativo iPen para realizar los ejercicios del curso en una aplicación digital. Él se veía capaz de conseguir resultados similares o quizá mejores. Era necesario, pues, aprovechar ese momento para evidenciar la diferencia de su propuesta respecto al uso de las técnicas blandas. Sin ir muy lejos, nos centramos en el valor táctil de ambos soportes y nos dispusimos a comparar el hecho de deslizar un lápiz de plástico rígido sobre el frío *gorilla glass* de una tableta y la suave caricia que los pelos de marta del pincel aplica sobre el papel de algodón texturado;- también observamos el tiempo que se necesita para mantener viva la gota de color hasta definir las aristas de las figuras geométricas requeridas en el ejercicio.

Es importante que los ejercicios cautiven y capten la atención del estudiante. "Solo la atención logra prolongar la coherencia del proyecto –del dibujo– más allá de la multitud de energías y direcciones entre las cuales surge la arquitectura" (De Molina, 2016). En este sentido, surge el primer ejercicio del curso de Dibujo II, que consiste en redibujar un paisaje esbozado por un pintor reconocido. El estudiante, con el texto del *Vincent* de Berger en la mano y una sesión por delante de 4 horas al menos, logra descodificar los trazos, los espesores y las densidades de la línea que definen la naturaleza en diferentes planos de percepción y permiten ubicar al observador y al dibujante en la misma escena o paisaje.

58. Mariona GASPAR. Prof. Isabel Zaragoza 2023

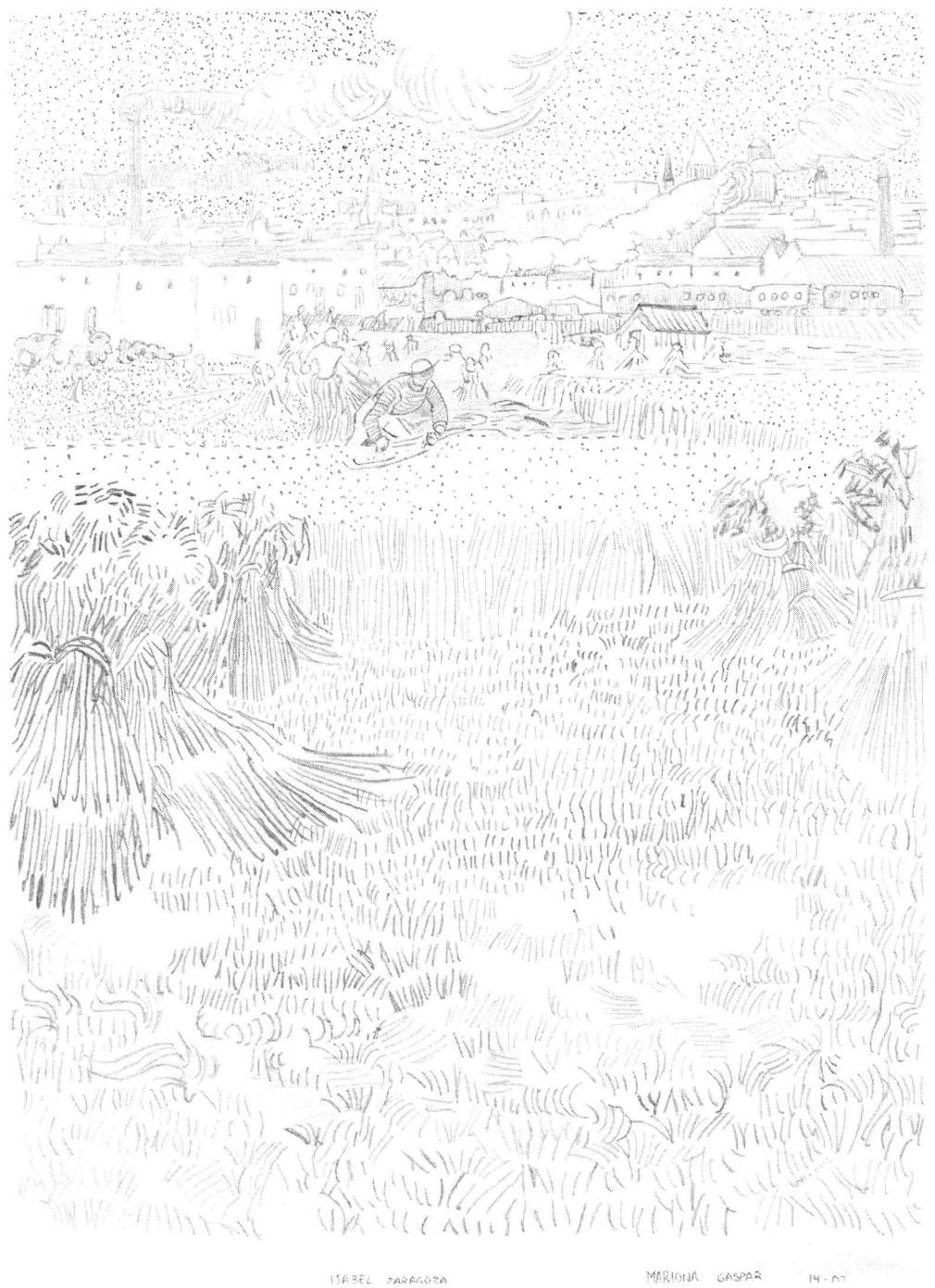

ISABEL ZARAGOZA   MARIONA GASPAR   14 - 02

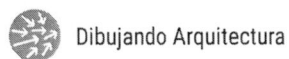
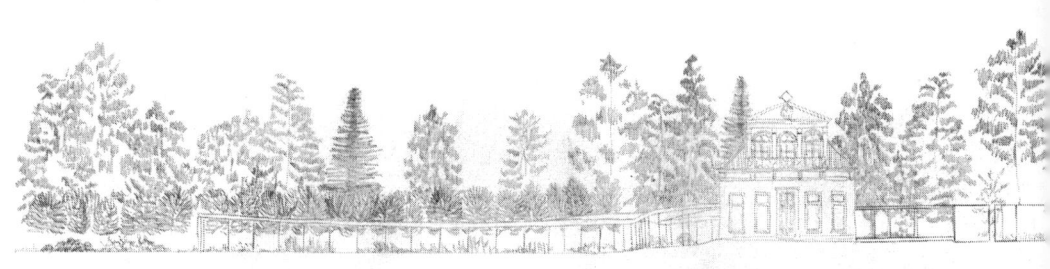

El siguiente ejercicio procura incidir en el dibujo de la vegetación, pero ahora ahondando en la posibilidad de entender la arquitectura como una continuidad del paisaje en que se inserta. Para ello, hacemos un salto en el tiempo hacia llegar a la actualidad, utilizando como modelo los dibujos de Junya Ishigami en su propuesta de 2017 para Tytsjerk. En ellos, se puede entender la búsqueda de una arquitectura tan ligera que no altera la imagen inestimable del parque ya existente.

Los dibujos, hechos con lápiz de grafito, elaboran el paisaje con una combinación de rigor y placer para revelar su valor de preexistencia. Y, para sorpresa de los estudiantes, se descubre la atemporalidad del dibujo, al observar que algunos de los trazos de Ishigami les resultan familiares. En efecto, los trazos de Ishigami y de Van Gogh, uno contemporáneo y otro realizado dos siglos atrás, son capaces de coincidir en patrones, texturas, densidades e intenciones en general.

Estas coincidencias sugieren, por una parte, que el uso del dibujo manual sobrevivirá el paso del tiempo y, por otra, que su importancia perdurará por lo que es capaz de generar. Berger describe los trazos de Van Gogh como "esperanzas gráficas" que, de forma sencilla, muestran a dónde nos lleva el acto mismo de dibujar. Ishigami, en su conversación con Hans-Ulrich Obrist, explica que el trabajo a mano alzada le permite ampliar su pensamiento y saltar de escala en escala; sus bocetos y apuntes representan el espacio que se irá materializando y su proceso de pensamiento. Ambos ejemplos son producto de ese dibujo atento, de esa manera pausada de aproximarse al paisaje y a la arquitectura, ejemplos que infunden la esperanza de sembrar en el estudiante el gozo en el hacer.

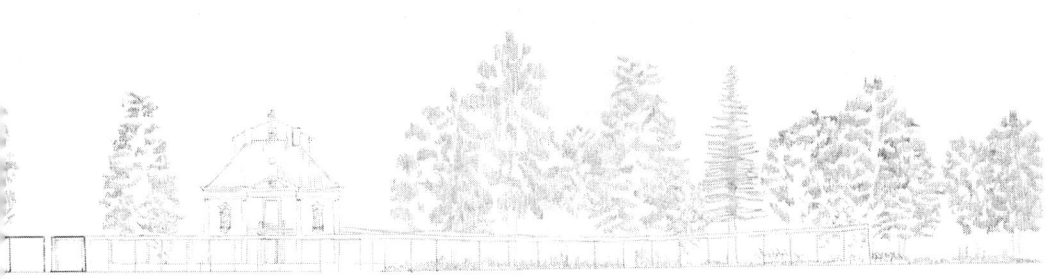

59. Abril RODRÍGUEZ. Prof. Héctor Mendoza 2023

60 Paula PAGÈS. Prof. Isabel Zaragoza 2023

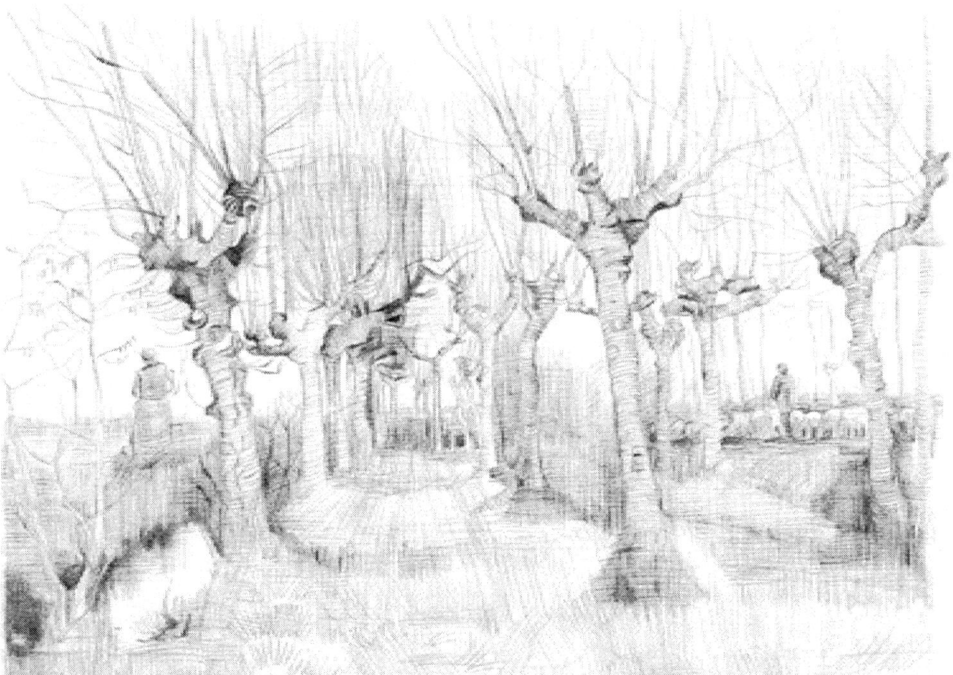

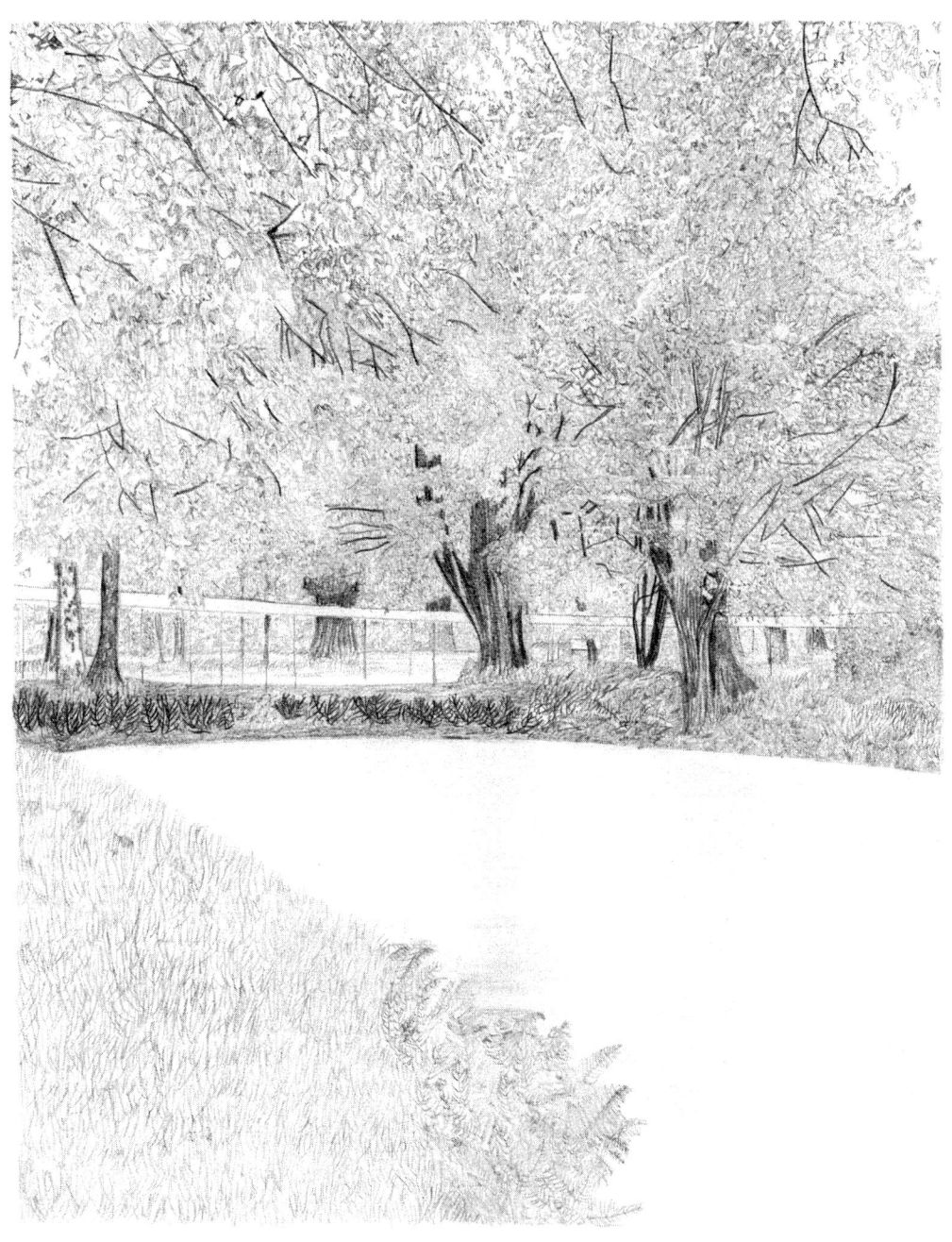

61. Abril RODRÍGUEZ. Prof. Héctor Mendoza 2023.

Referencias

BERGER, J. (2005): *Sobre el dibujo*. Barcelona: Gustavo Gili.

DE MOLINA, S. (2016): *Hambre de arquitectura. Necesidad y práctica de lo cotidiano*. Madrid: Ediciones Asimétricas.

OBRIST, H.-U. (2019): *Junya Ishigami*. Londres: Koenig Books. Col. 2G, n.º 78.

RODRÍGUEZ, D. (2020): "Trazos como brotes". Texto para el concurso *Archive Series* 1: "Esos destellos de polvo. Josep María Jujol, profesor de dibujo, ETSAB UPC".

VALÉRY, P. [1973] (2007): *Cuadernos 1984-1945*. Barcelona: Galaxia Gutenberg, 2007.

12
Arquitectura y paisaje
El dibujo como interpretación del espacio - Andrea V. Ortega Frutos

El campo de la mirada

"La correlación jardín-paisaje nace a partir de la toma de conciencia del hombre sobre el espacio que lo rodea".[1]

Gilles Clément (Argenton-sur-Creuse, 1943), paisajista, escritor, filósofo, biólogo, agrónomo, dibujante... hombre de la tierra, se refiere a la noción de jardín en su vinculación con el paisaje y alude a la realidad que surge cuando el hombre toma conciencia del espacio en que se halla inmerso.

El jardín se convierte en el modo en que tiene la posibilidad de aprehender el entorno y desarrollar una mirada pausada, lenta y curiosa, que vincula arquitectura y paisaje.

En esta relación, la naturaleza y su diversidad dan cabida a la transformación permanente de los elementos: según las condiciones de cada estación, del lugar, de la geografía y su clima, distintos colores, aromas, texturas, luminosidades y grados de altura y profundidad albergarán las diferentes maneras de habitar.

El dibujo se propone como una acción que permite tomar conciencia de las múltiples situaciones en que nos hallamos inmersos en el entorno de un parque o un jardín y se convierte en una de las formas más preciadas y enriquecedoras de observación.

En palabras de Le Corbusier, "dibujar es observar".[2] La expresión de esta identidad, en que ambas acciones equivalen una a la otra y se identifican en lo más profundo, abre una vía fértil para la enseñanza del dibujo en arquitectura y su aplicación en la interpretación que permite que emerja el espacio, mediado por el tiempo y su devenir.

Las representaciones colectivas de las distintas culturas y sociedades llevan a Gilles Clément a afirmar que "el campo de la mirada y el del alma forman un solo campo".[3]

---

1   CLÉMENT, G. (2006): Où en est l'herbe? Réflexions sur le Jardin Planétaire. Arles: Actes Sud

2   LE CORBUSIER (1968): Suite de dessins. París: Éditions Forces Vives. Colección dirigida por Jean Petit

3.   CLÉMENT, G. (2006): Où en est l'herbe? Réflexions sur le Jardin Planétaire. Arles: Actes Sud.

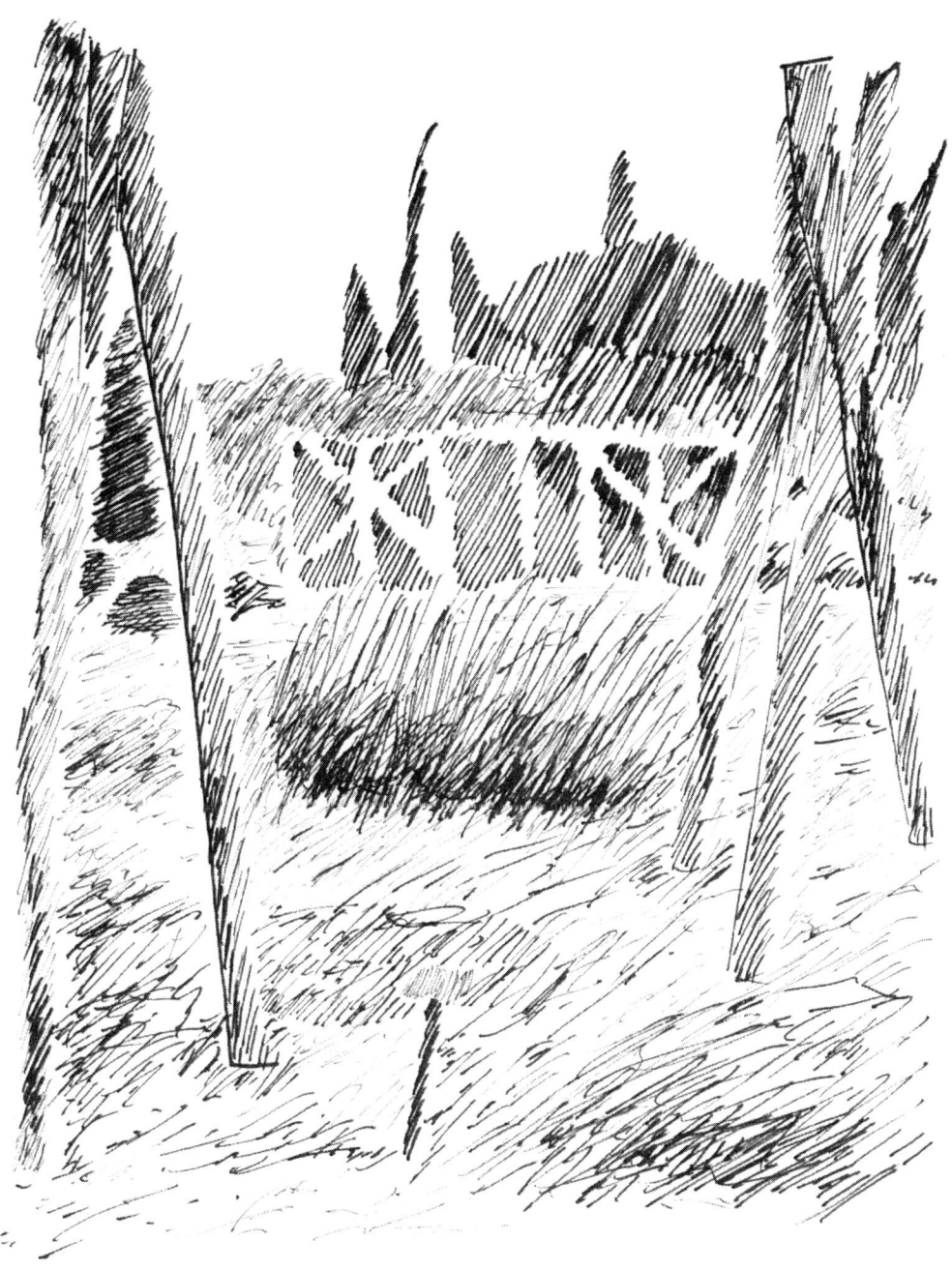

62. Ana MORUETA. Prof. Andrea Ortega-Frutos, 2023.

Podríamos asociar estas representaciones al ámbito del dibujo, entendido como una interpretación que muestra una observación determinada. Mirada y alma quedan reflejadas en un trazo, en la evidencia de la fuerza o de la levedad de un color, de una sombra, en la textura que llena densidades y gamas que se complementan.

Existe un vínculo muy fuerte entre la mirada que ofrece la observación atenta y el mundo profundo e íntimo que se despliegue en un dibujo intencionado. Ambas dimensiones –mirada y mundo interior– quedan unidas en la condición de ensamblaje que construye el dibujo.

Es a partir de esta realidad que "todo lo que es observado cobra vida".[4] Un dibujo basado en la observación vivifica lo que contempla. Sus características, incluso la dimensión inefable de su realidad, son retenidas por el trazo, por el color y por la textura, que evidencia el recorrido del lápiz.

 Un esbozo expresa la cualidad sensible de lo que es contemplado: un árbol, un banco, el fondo articulado por muros de un edificio lejano…, incluso la hierba que surge en un primer plano y los paseantes que recorren el lugar. La vida aparece cuando nuestra mirada le da cabida. El dibujo se transforma en testigo de esta aparición.

La naturaleza alberga misterios. Dibujar es también adentrarse en este recorrido inexplorado. Indagamos en una realidad que da evidencia del momento presente. Lo dibujado se convierte en un modo de desvelar esta realidad escurridiza y que, por otra parte, se muestra instantánea, a la vez que eterna. Un dibujo intenta revelar la condición inasible de una transformación permanente.

La naturaleza habitada por la mirada de quien la dibuja se convierte en una construcción cultural que nos ofrece la alternativa de preguntarnos sobre la arquitectura y su papel en el paisaje.

El modo por el cual abordamos la interrelación entre los elementos vegetales, la presencia de la biodiversidad y nuestra propia dimensión humana como habitantes insertos en el entorno dará como resultado una propuesta que puede ser interpretada a través del dibujo basado en la observación, una manera de construir "el campo de la mirada".

Lo que se vive en este espacio

Entender el paisaje como el "todo que se desarrolla por debajo de la mirada"[5] implica considerar que el artífice de esta creación es la capacidad de aplicar la percepción sensible que otorgan los sentidos sobre el espacio en que se está inmerso.

---

4   CLÉMENT, G. (2006): Où en est l'herbe? Réflexions sur le Jardin Planétaire. Arles: Actes Sud

5   Http://zarch.unizar.es/index.php/es/numeros/numeros-publicados/numero-3/conversacion-con-gilles-clement.

La mirada, como toda expresión sensorial, revela en cierto modo y pone en evidencia lo que estaba oculto, transformándolo en una cualidad aparente del paisaje. Gilles Clément plantea que dicha percepción es particular, propia de cada uno. Se trata de una lectura subjetiva, elaborada en función los parámetros culturales, sociales, emocionales y estéticos de quien realiza esta experiencia.

A diferencia del concepto de paisaje, que sería interpretado según esta visión particular, propia de cada uno, el referente que abre la noción de medio ambiente es un componente objetivo, riguroso, formado por unos aspectos que son medibles: las condiciones geológicas del terreno, el clima, la biodiversidad asociada al lugar, la presencia de agua, etc.

Así pues, para interpretar un jardín o un área natural, hay que incluir ambas dimensiones: la subjetividad de la mirada particular y la concreción de sus condicionantes y características objetivas. En función de estas lecturas, el espacio habitado cobrará plenitud y se constituirá en el medio que permite el desarrollo de una experiencia vívida.

Del mismo modo, el dibujo de paisaje ha de incorporar ambas dimensiones. Será fundamental que la expresividad propia de cada uno se exprese en la selección del encuadre a trabajar, en la fuerza de las líneas que lo estructuran, en la aplicación de texturas. para otorgar profundidad y luz... Pero, a la vez, será necesario considerar las características objetivas, medioambientales, para lo cual es preciso prestar atención a las condiciones climáticas, la diversidad de especies animales y vegetales, la textura y el color de la tierra, su topografía o cualquier otra característica que pueda acercar la interpretación de este ámbito natural a una interpretación complementaria que quede enriquecida por los ámbitos subjetivos y objetivos de quien dibuja y de lo observado.

Asimismo, es muy importante considerar que, tal como ocurre con la dimensión de paisaje y medio ambiente y sus respectivas características subjetivas, a la vez que objetivas, los diversos elementos que los componen también manifiestan esta condición complementaria.

Particularmente el agua debe reflejarse en esta riqueza dual. El agua está siempre presente en el paisaje y, si bien muchas veces lo hace de manera evidente, en entornos que incluyen el agua que fluye o que permanece estanca siempre será fundamental considerar que este elemento integra la mayor parte del reino animal y vegetal, e incluso es preponderante en la conformación del propio cuerpo humano.

Por tanto, en una visión global del paisaje, y en la observación particular de sus elementos, será imprescindible unificar la propia sensibilidad con los aspectos que pueden ser objetivados, para lograr que el dibujo que interpreta un determinado entorno logre comunicar "lo que se vive en este espacio",[6] la experiencia directa de la situación en que se habita el lugar.

---

6   Http://zarch.unizar.es/index.php/es/numeros/numeros-publicados/numero-3/conversacion-con-gilles-clement

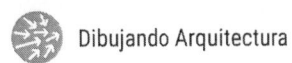

Orden desde la naturaleza

Gilles Clément propone el concepto de jardín planetario para referirse al entorno que no ocupa un lugar específico en la cartografía, sino que queda conformado por una totalidad sobre la Tierra. Se refiere a la biosfera, considerada como un organismo completo y complejo cuyo territorio es "el espesor de lo vivo".[7]

La arquitectura ha de quedar comprendida en esta dimensión, por cuanto alberga la vida que se desarrolla alrededor y dentro de los espacios que configura. Asumir que la condición de jardín se ha vuelto múltiple y abierta sobre la Tierra implica un desafío fundamental para la configuración de los entornos, inmersos como estamos en una situación contemporánea de crisis climática.

El modo de cuidar este jardín global desde el ámbito de la arquitectura puede comenzar a partir de una observación atenta de las condiciones y las características que lo configuran y de su interpretación mediante el dibujo.

El dibujo ofrece la capacidad de integrar los distintos elementos naturales en una unidad que permita reflexionar sobre su preservación, restauración y desarrollo futuro.

El dibujo se convierte en una herramienta eficaz para elaborar una estrategia de protección del paisaje e impulsar creativamente distintas vías de indagación formal y plástica que permitan asimilar e integrar el actuar humano dentro de la naturaleza.

Clément se refiere a "un recinto autónomo y frágil, donde cada parámetro incide sobre el conjunto y este, sobre la presencia de cada uno de los seres".[8] Se trata de ampliar la comprensión de nuestro habitar sobre la Tierra, para lograr una identificación con los diversos elementos y situaciones que integran el paisaje: árboles, ríos y montañas,

animales y plantas, en un proceso de transformación continua y permanente, que interactúan con el hombre en un ecosistema delicado y exacto, de modo que toda alteración generada de manera arbitraria e irreflexiva producirá desequilibrios que repercutirán sobre todo el conjunto.

El dibujo de paisaje comunica y expresa una interpretación de este jardín planetario, a la vez que reflexiona sobre sus características sensoriales a través del uso del color, las texturas, los contrastes, el grosor de la línea, la composición, la inclusión de la figura humana, etc. El dibujo se ofrece como una alternativa de comunicación y de enseñanza de las condiciones que se hallan presentes en un entorno, que puede ser revelado a partir de la propuesta de una arquitectura que le es sensible y reconoce la fragilidad del sistema y la forma de habitar que termina por integrar.

---

7   CLÉMENT, G. (2013): Où en est l'herbe? Réflexions sur le Jardin Planétaire. Arles: Actes Sud

8   CLÉMENT, G. (2013): Où en est l'herbe? Réflexions sur le Jardin Planétaire. Arles: Actes Sud

Un dibujo expresa de manera diáfana la incidencia de los diversos elementos en el todo y, a la vez, proporciona una lectura integradora de la afectación del conjunto para cada una de sus partes. Por tanto, dibujar el paisaje es también integrar la arquitectura en la biósfera de este jardín planetario.

El hombre se hace cargo y es responsable de toda la Tierra y, según el paisajista francés, "es sorprendido en su delirio tecnológico por una violenta llamada al orden desde la naturaleza". [9]

La naturaleza se muestra como un paradigma que ofrece un orden de comprensión y de desarrollo a un sistema en cambio y transformación constantes, al tiempo que, como ya se ha planteado, existe una interacción permanente del todo y las partes. Una vez más, se trata de una llamada de atención con respecto a la guía y al modelo que constituye la naturaleza que alberga la vida en la Tierra.

Es posible y necesario reunir, en una dimensión única, arquitectura y entorno; lograr una "ingeniería ecológica"[10] que oriente la configuración de los espacios urbanos y naturales.

9. CLÉMENT, G. (2013): Où en est l'herbe? Réflexions sur le Jardin Planétaire. Arles: Actes Sud

10 CLÉMENT, G. (2013): *Où en est l'herbe? Réflexions sur le Jardin Planétaire*. Arles: Actes Sud

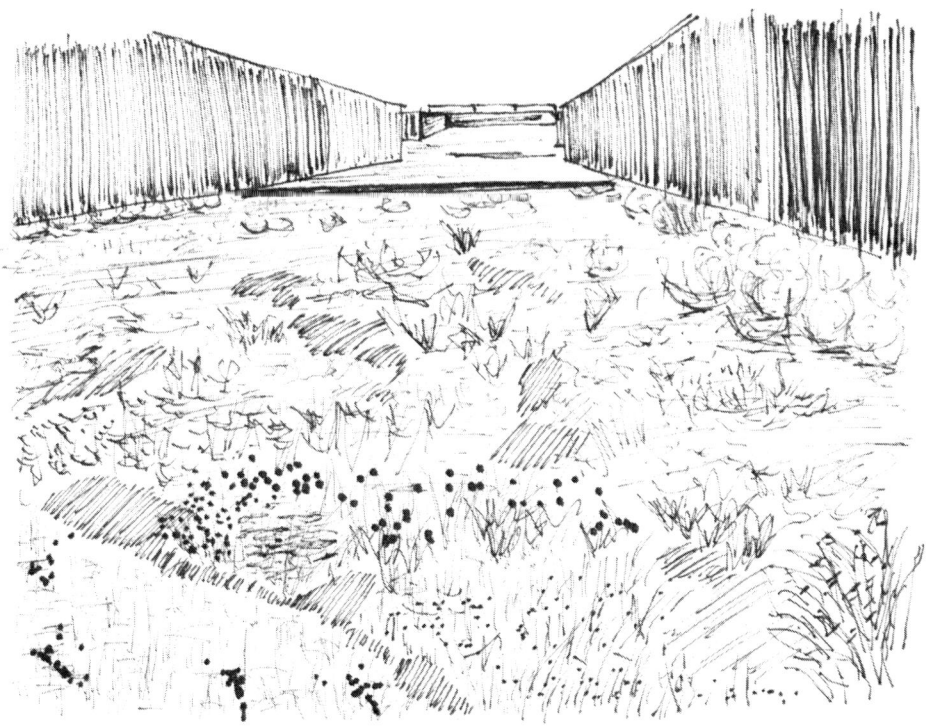

63. Ana MORUETA. Prof. Andrea V. Ortega Frutos, 2023.

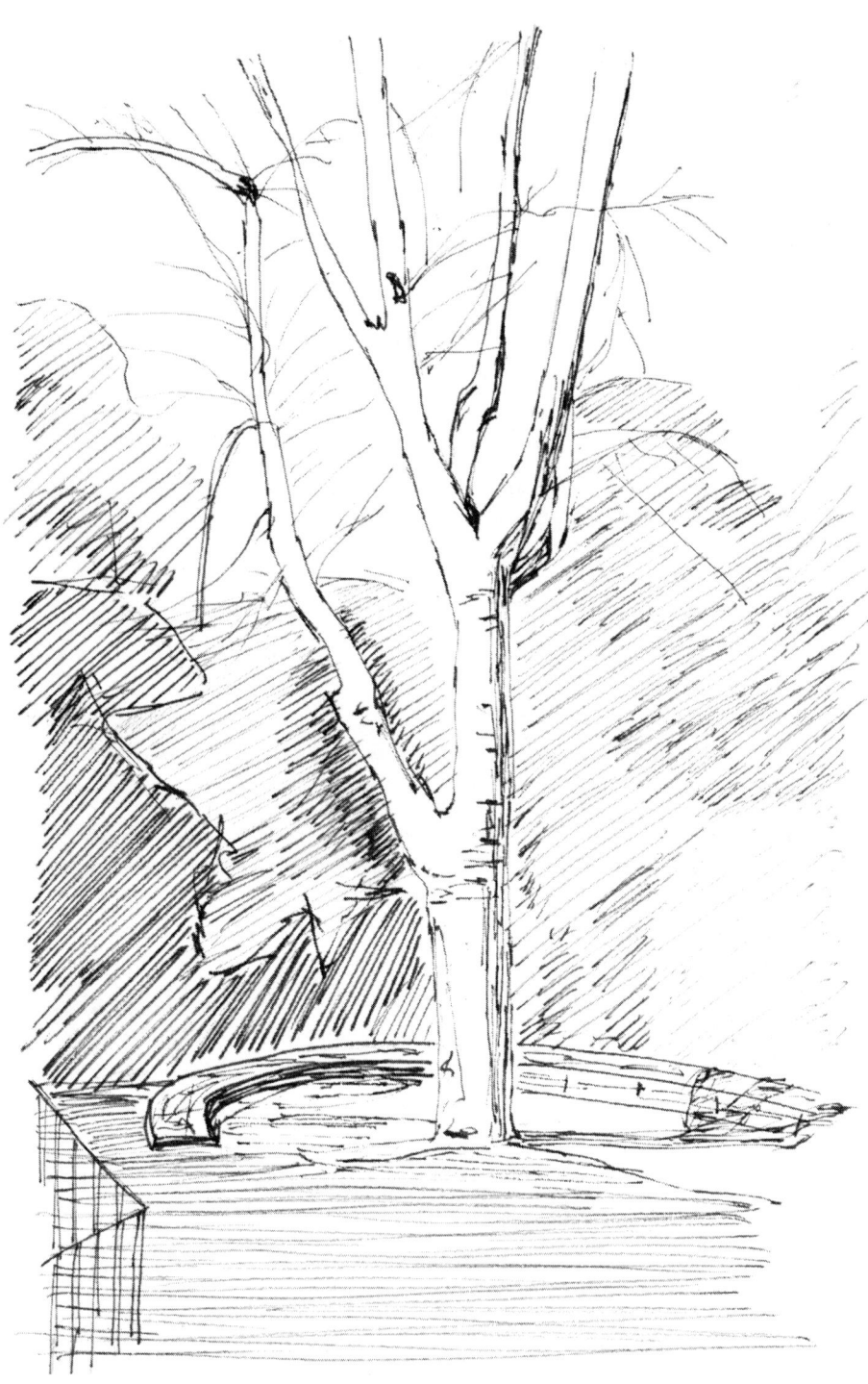

64. Ana MORUETA. Prof. Andrea V. Ortega Frutos, 2023.

Un árbol mítico

Los bosques son un modelo perfecto de sistemas de interacción evolutiva, transformación y configuración del paisaje. Actualmente la diversidad biológica en las áreas naturales está en un proceso de decrecimiento acentuado y esta condición afecta especialmente los bosques y todos los ecosistemas que se asocian a su desarrollo. La causa principal de esta disminución es la desaparición de los hábitats como consecuencia de diversos factores: el crecimiento urbano, la industrialización, la contaminación atmosférica, la crisis climática, etc.

La arquitectura es el ámbito de la creación y la configuración del espacio en que vivimos y, por tanto, mejorar las condiciones de los distintos hábitats, restaurarlos, preservarlos y determinar sus modos de uso forma parte de los objetivos centrales de esta disciplina.

Desde el dibujo, es estimulante y enriquecedora la posibilidad de centrar la mirada en el árbol como signo y artífice de un intercambio medioambiental, paisajístico y espacial. El árbol y el bosque del cual forma parte han posibilitado la subsistencia de animales y vegetales sobre la Tierra y han determinado la configuración del entorno respecto al cual las sociedades han estructurado una dimensión cultural y artística.

Dibujar árboles implica adentrarse en un sistema de articulación de elementos, texturas, colores y formas diversos, geometrías… También permite profundizar en la dimensión espacial que generan los troncos, las ramas y el follaje, interaccionando en procesos de transformación y cambio permanente.

Cuando se observa un árbol con atención y se intenta comprender mediante el dibujo la especificidad única de su emplazamiento, su forma y estructura, es posible adentrarse en un ámbito que, en cierta medida, es precursor de la arquitectura.

Dibujar un árbol y reflejar el lugar que construye se convierte en un modo de comprender la configuración del espacio desde un conocimiento profundo, riguroso y sensible, que sienta las bases para la interpretación del entorno global que conforma el paisaje en que se inserta.

Gilles Clément alude a la concepción del árbol como una entidad que genera creencias, sabiduría y conocimientos, de modo que determina la cultura de una sociedad. En este sentido, describe el roble como un "árbol mítico"[11] y relata que "fue un pájaro el que lo trajo de la Península Ibérica hasta el norte". [12]

Dibujar un árbol invita a poner atención en su condición única, en la presencia del espacio que genera; invita a contemplar la vida que albergan sus ramas, a detenerse

11   Carlos ÁVILA, Pablo DE LA CAL (2014): Conversación con Gilles Clément. Escuela de Ingeniería y Arquitectura de la Universidad de Zaragoza. 20 de febrero

12   Carlos ÁVILA, Pablo DE LA CAL (2014): Conversación con Gilles Clément. Escuela de Ingeniería y Arquitectura de la Universidad de Zaragoza. 20 de febrero

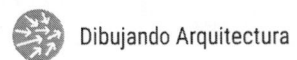
en la caída de una hoja que demoró la primavera y el verano al crecer. El dibujo de un árbol descubre que la corteza muestra los surcos que quedaron como marcas del crecimiento y del paso del tiempo.

Dibujar un árbol se convierte en el modo de acceder a la dimensión inefable del espacio, a la realidad sensorial que abre una vía hacia la condición sagrada del habitar, que se manifiesta en la profundidad de los bosques. Dibujar el paisaje es contemplar para luego interpretar el espacio que se habita.

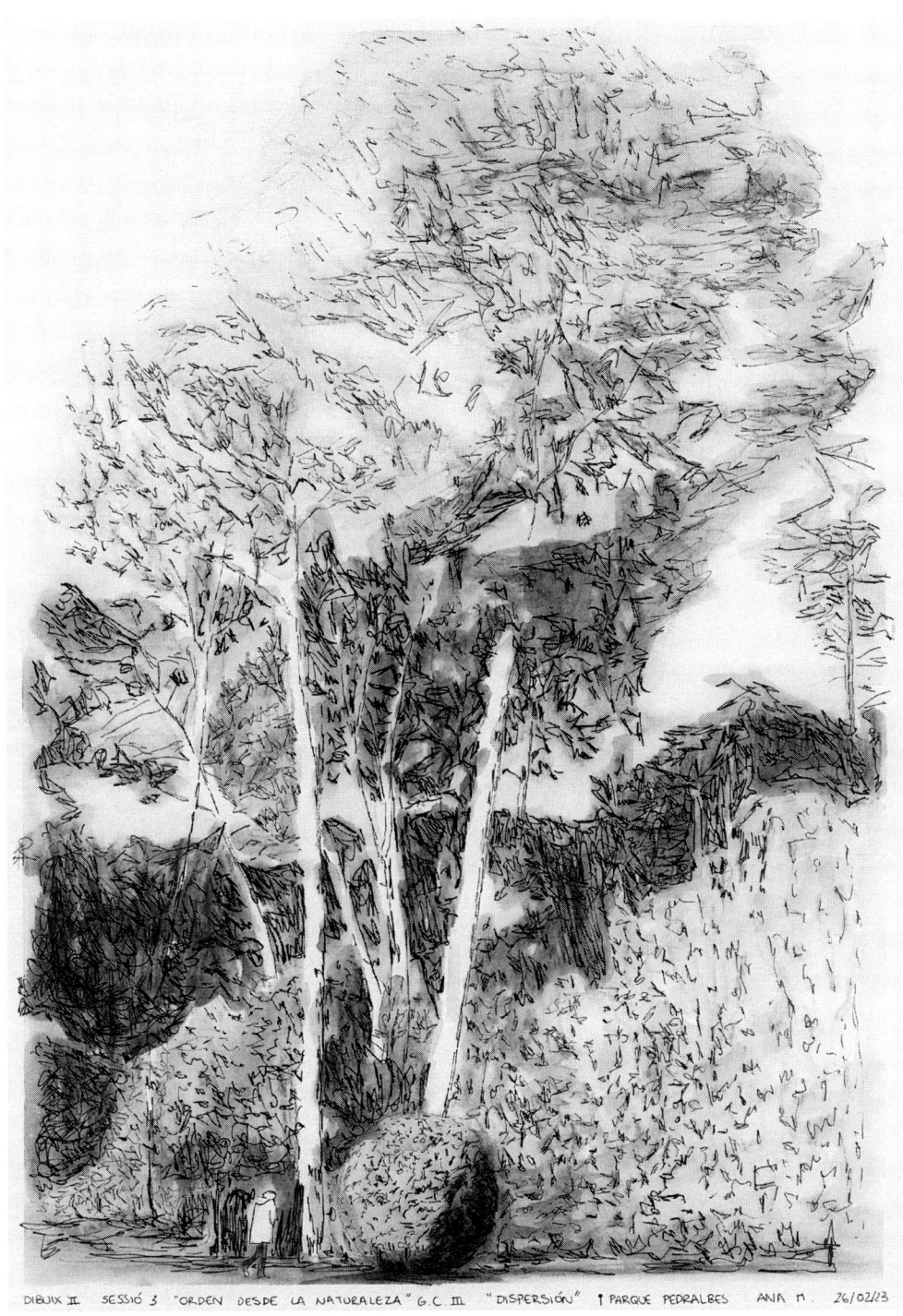

DIBUIX II   SESSIÓ 3   "ORDEN DESDE LA NATURALEZA" G.C. III   "DISPERSIÓN"   ↑ PARQUE PEDRALBES   ANA M.   26/02/23

65. Ana MORUETA. A3. Orden desde la naturaleza. Prof. Andrea V. Ortega Frutos, 2023.

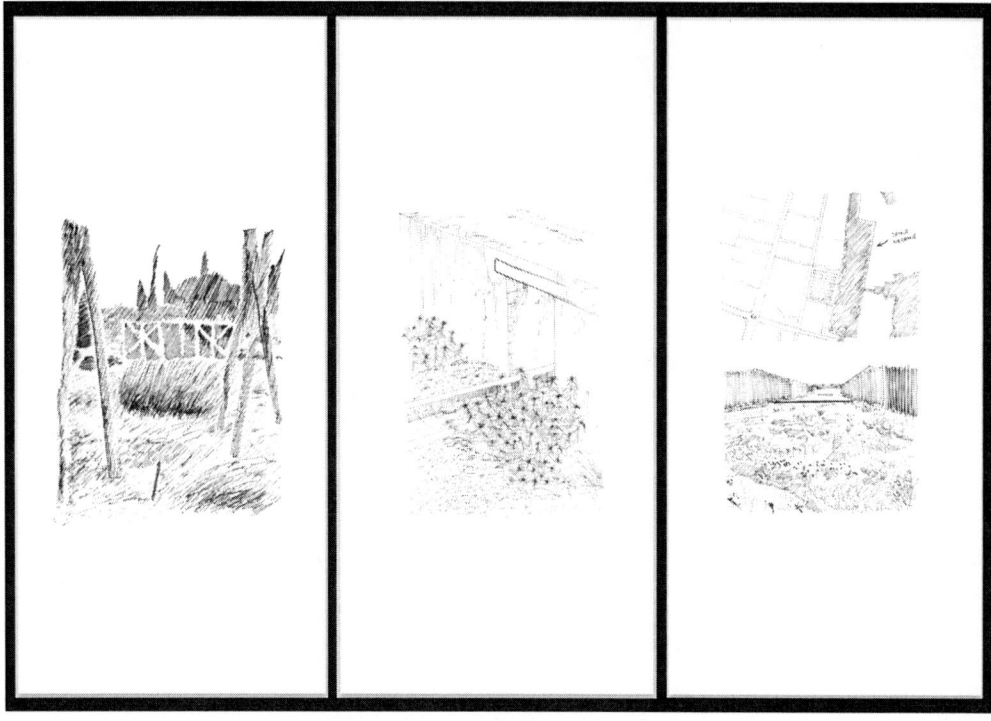

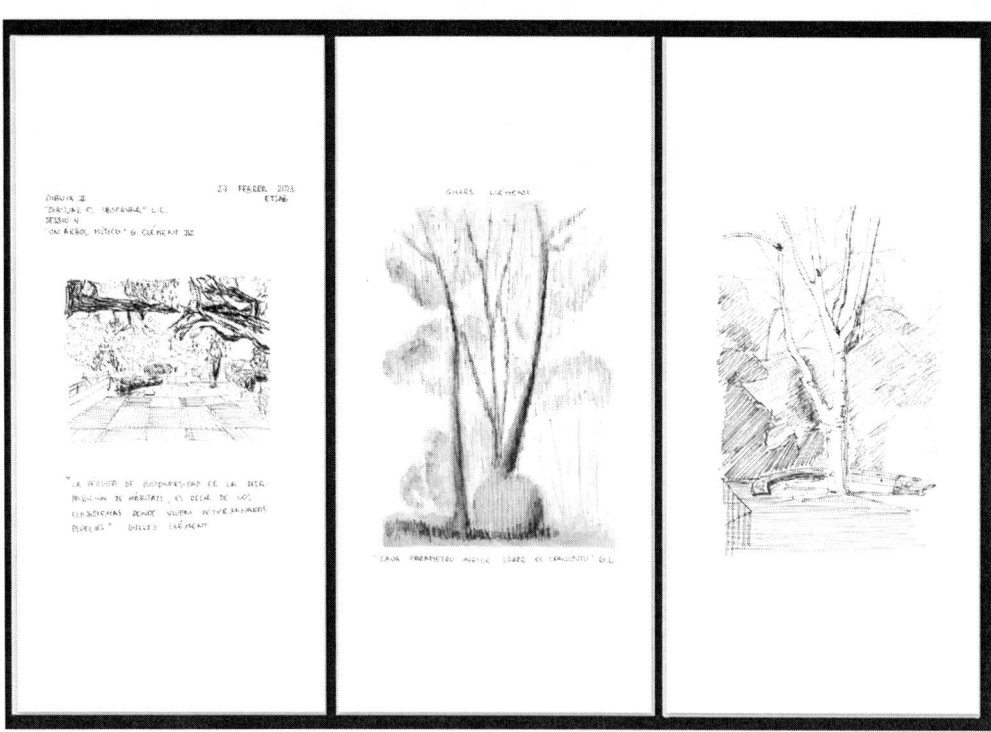

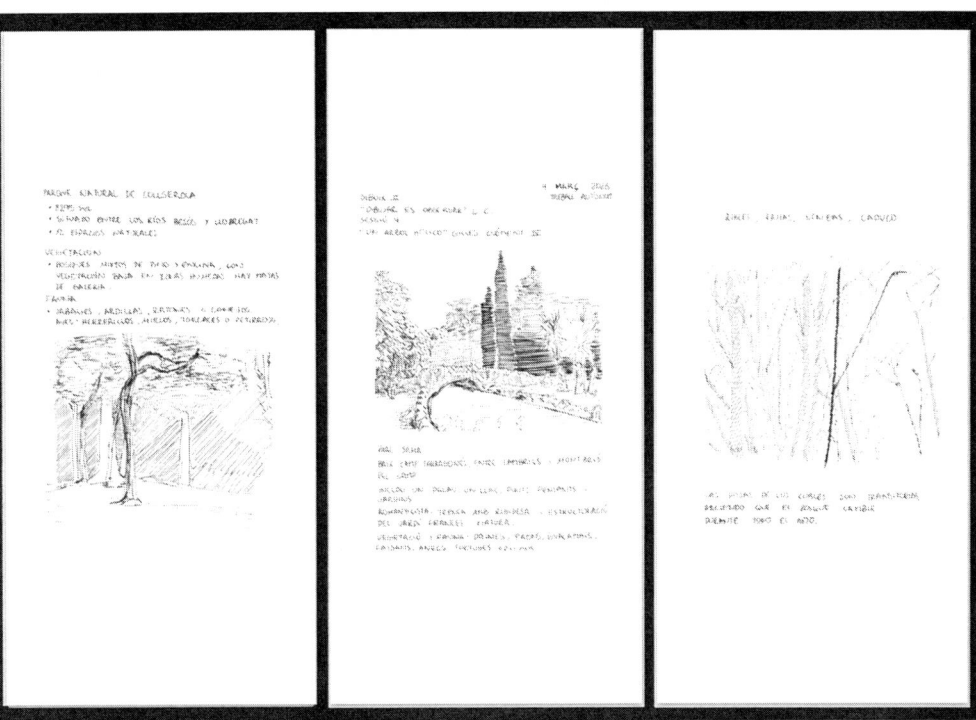

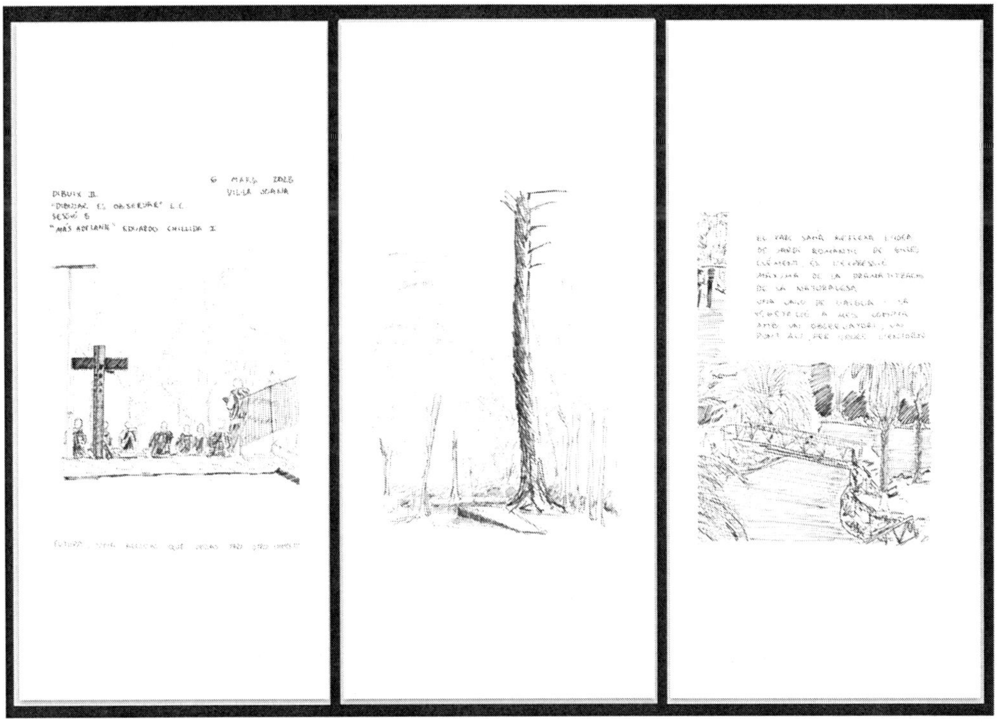

13
Arquitecura y paisaje urbano
Miradas - Bruno Sève

Dibujo urbano: observación consciente y diseño abierto

"No one can find what will work for our cities by looking at suburban garden cities, manipulating scale models, or inventing dream cities. You've got to get out and walk."

(Jacobs J., 1958)

¿Quién no recuerda aquellos cuadernos de dibujo de los viajes de antaño, como los que hizo Conrad Martens, el artista que acompañó a Darwin para inspeccionar el estrecho de Magallanes? ¿O los bocetos a lápiz y tinta de Le Corbusier, recogidos en su *Voyage d'Orient*?

Con la llegada de las nuevas tecnologías, la representación gráfica en la arquitectura se ha transformado radicalmente. Poderosas innovaciones en *renders*, modelos 3D, dibujos paramétricos y realidad virtual permiten transmitir un aspecto realista y acabado a un diseño primario. En este contexto contemporáneo tan cambiante, se está replanteado el rol del dibujo a mano alzada y sus objetivos, no solo como resultado, sino como proceso pedagógico, para recuperar su verdadera esencia. Quien dibuja a mano alzada sabe mejor que nadie que el dibujo es una fantástica herramienta de observación, tanto de nuestro entorno natural y construido como de sus comunidades y habitantes, que ningún otro medio puede igualar. Dibujar en las calles, dibujar mientras se viaja, dibujar para estar alerta, dibujar para observar, dibujar para pensar y, por supuesto, dibujar para crear e imaginar

En la línea de "Barcelona como laboratorio de enseñanza", seguimos avanzado en este campo, reinterpretado para la arquitectura e inspirado de la comunidad de urban *sketchers*, un verdadero fenómeno artístico colectivo. Podemos abordar el dibujo en la calle como una especie de trabajo de campo en el cual se adopta un enfoque arquitectónico, artístico, social y antropológico. Si nuestro alumnado de Arquitectura lleva consigo el cuaderno de bocetos todos los días de su vida, este no solo representa un medio de recopilación y de expresión de datos, sino que también refleja su transformación como persona a lo largo de la vida. Frank Harmon, arquitecto y autor de *Native Places* (2018), explica que recordaba mejor un lugar si lo dibujaba, en vez de tomar una foto, y que incluso podía recordarlo para siempre. Esto contrasta con la

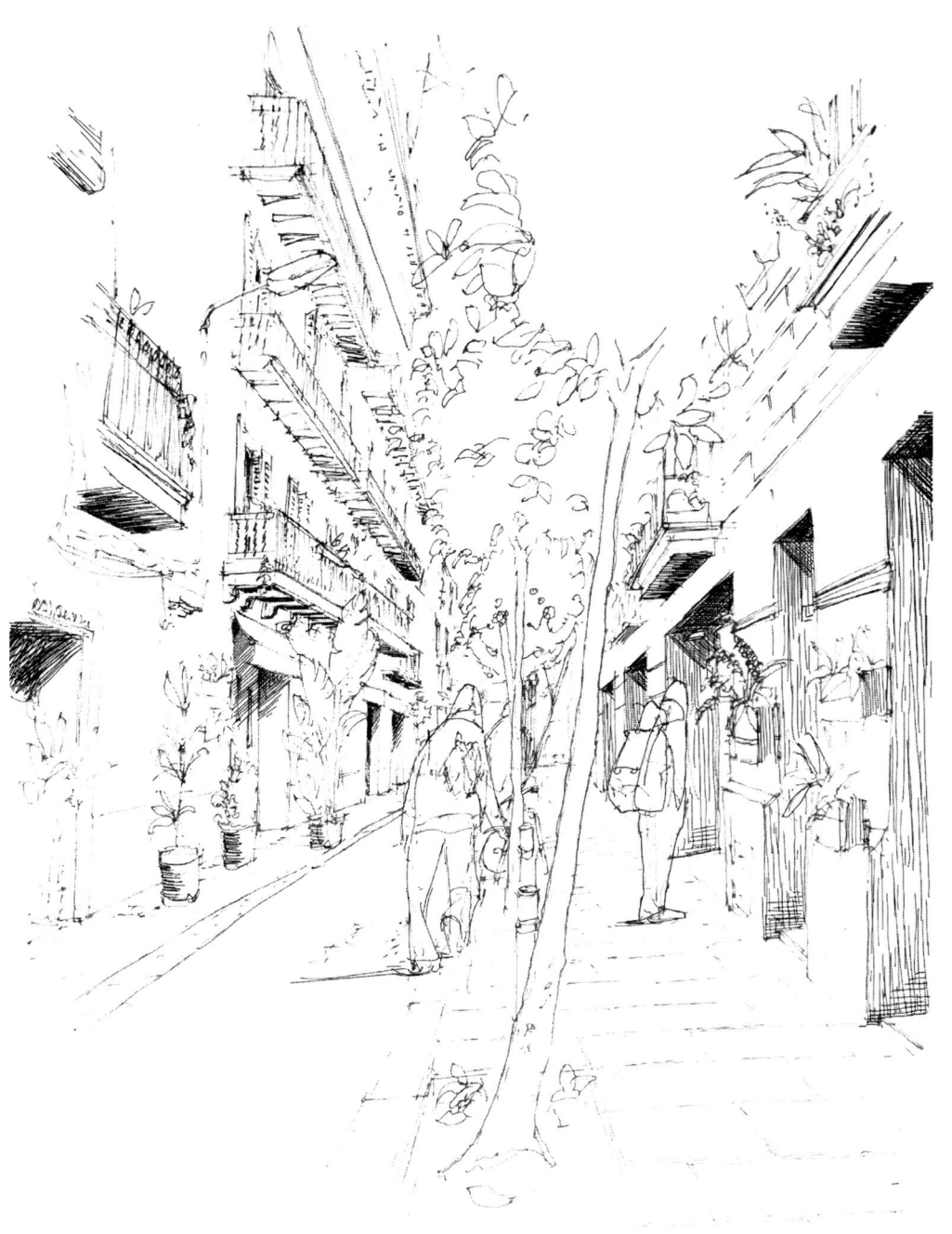

67. Bruno SÈVE. Diseño abierto, 2022.

fotografía fugaz o turística, que se multiplica con la famosa moda de Instagram. En más de una ocasión, probablemente todos y todas hemos sido incapaces de reconocer un lugar o un momento captado en una fotografía digital, acaso olvidada en una carpeta de nuestro ordenador o en la nube. Además, como bien explicó Le Corbusier, en el dibujo plasmamos nuestras emociones, que son otra clave para desencadenar el proceso creativo.[1]

Más adelante en los estudios de Arquitectura, si se combinan además con las tecnologías digitales, como ocurre con el "dibujo híbrido" (Redondo, 2008), especialmente en el ámbito del proyecto urbano, el dibujo a mano alzada ofrece a los estudiantes modos de expresión y de representación más personalizados (y rápidos). Antes, en el primer año de la carrera, el dibujo a pie de calle es un acto consciente que nos obliga a comprometernos y a impregnarnos con la realidad de un espacio en un tiempo determinado. Ello puede explicar por qué podemos recordar esos momentos a lo largo de nuestra vida, que nos llevan a un nivel más profundo de reflexión y observación.

Cuando dibujamos nuestro entorno construido y natural, creamos una conciencia plena del momento presente y de la escena que tenemos delante. Durante ese momento relativamente breve (veinte minutos, una hora, dos horas o cinco horas), nos pasa algo: desarrollamos la plena conciencia de lo que estamos viendo, de modo que después podemos asociar olores, ruidos y una imagen de nuestro entorno natural y construido. El dibujo a mano alzado es una experiencia cognitiva. Así pues, podemos entenderlo como proceso, como señala Javier F. Raposo Grau (2014): "Dibujar como un proceso *versus* dibujar como una solución, lo cual significa validar una pedagogía que valora los diferentes momentos de los discursos creativos *versus* las pedagogías del proyecto, en que el resultado final del proceso es válido como una solución cerrada y codificada." Entender el dibujo como un proceso, y no como un resultado, en el cual la estética no es el propósito real, es un método pedagógico innovador que abre el campo a la noción de diseño abierto. Los bocetos nos permiten expresar libremente nuestra creatividad, con un gesto rápido, un nivel conveniente de inexactitud que expresa una intuición, la abstracción y la simplificación de una serie de elementos. De este modo, nuestras líneas, manchas y texturas de grafito seguirán siendo uno de los medios de expresión e ideación gráfica más valiosos en el campo de la arquitectura y del urbanismo.

---

1   […] je me suis aperçu qu'en confiant mes émotions à un objectif j'ou- bliais à les faire passer par moi, ce qui était grave, alors j'ai laissé tomber la Kodak et j'ai pris mon crayon et depuis, j'ai toujours dessiné tout et n'importe où."

Citado por BENTON, Tim (2012): "Le Corbusier photographe secret". En: HERSCHDORFER, N.; UMSTÄTTER,L. (dir.), Construire l'image. Le Corbusier et la photographie. Paris: Textuel, pp. 30-53, cit. p. 49

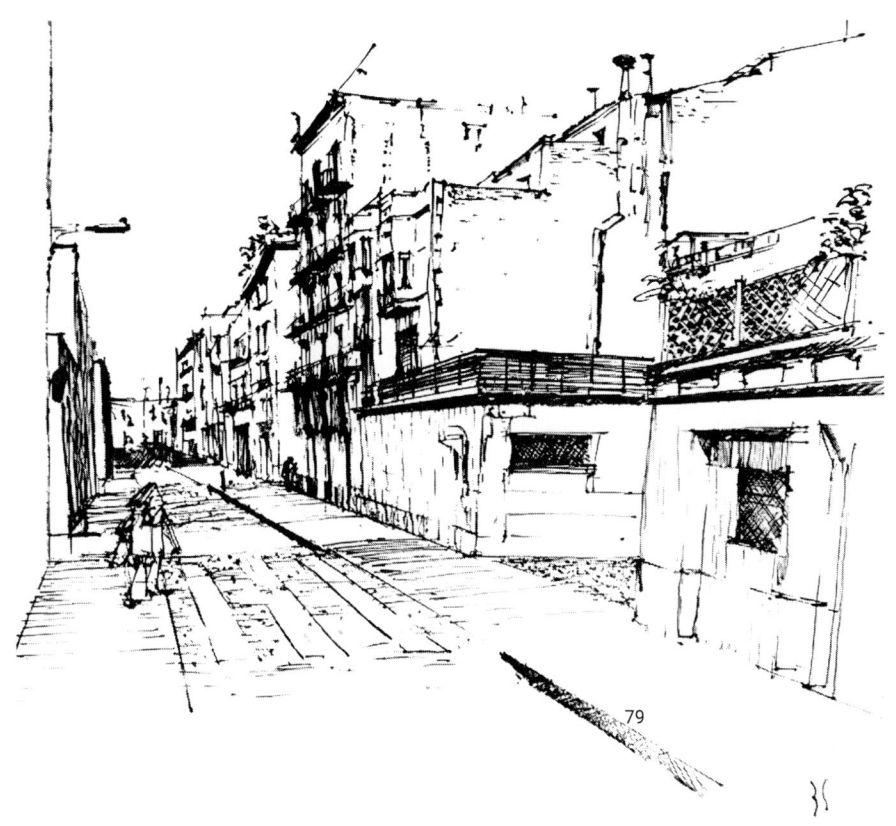

68. Bruno SÈVE. Apuntes urbanos, 2022

Referencias

HARMON, F. (2018): *Native Places: Drawing as a way to see*. ORO Éditions

JACOBS, J. (1958): *Downtown is for People*. Fortune Classic.

LE CORBUSIER (2011): *Voyage d'Orient, 1910-1911*. París: Éditions de la Villette. ISBN : 978-2-915456-66-0.

RAPOSO GRAU, Javier F. (2014): "Dibujar, procesar, comunicar: el proyectar arquitectónico como origen de un proceso gráfico-plástico. Implicaciones docentes". *EGA. Revista de Expresión Gráfica Arquitectónica*, n.º 24, pp. 92-105. ISSN 1133-6137.

REDONDO, E. (2008): "El dibujo híbrido. *Digital sketch*. Explorando los límites del dibujo arquitectónico". *Actas del XII Congreso Internacional de Expresión Gráfica Arquitectónica: Congreso Internacional de Expresión Gráfica Arquitectónica. Madrid*. Enrique Rabasa Díaz, ed. ISBN 9788497282703, pp. 677-684.

14
Colores y valores tonales
Miradas Docentes - M. Teresa Díez- Blanco

Pliegues y planos: docencia no presencial de la asignatura de dibujo

Durante el segundo cuatrimestre del curso 2019-2020, pasamos, en cuestión de pocas semanas, de salir a dibujar con los estudiantes al Park Güell o a la biblioteca del Dipòsit de les Aigües, a estar todos confinados en casa. Puesto que "el medio es el mensaje", como dijo McLuhan, desde el punto de vista docente se planteaba la incógnita de saber si el nuevo medio –las clases virtuales– iba a permitir a los estudiantes recibir el "mensaje" correctamente.

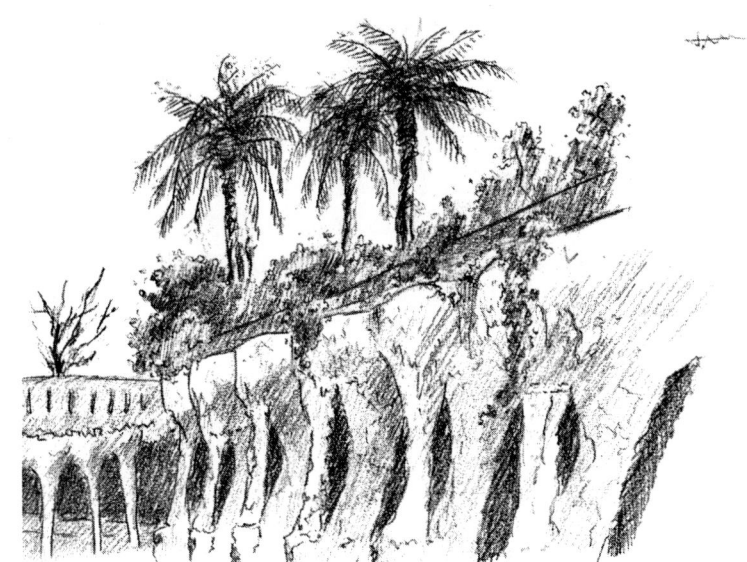

69. Lorena OJEA. Park Güell.
Prof. Maite Díez, 2018.

En nuestro caso, el primer ejercicio que se les propuso fue dibujar las diferentes sombras y gamas tonales de una figura, mediante la observación directa de un modelo realizado por cada estudiante, a partir de alguno de los ejemplos que aparecen en el libro *Técnicas de plegado para diseñadores: de la hoja a la forma*,[1] de Paul Jackson. Para ello, era necesario aplicar al modelado de papel resultante una luz lateral que generase caras en sombra, caras totalmente iluminadas y sombras proyectadas sobre la base de apoyo. De este modo, se obtenían diferentes tonos de grises, que serían los que debería representar el/la estudiante en carboncillo o bien con una barra de grafito.

---

1   (30)Jackson, P. (2011): Técnicas de plegado para diseñadores y arquitectos. Barcelona: Promopress

70a

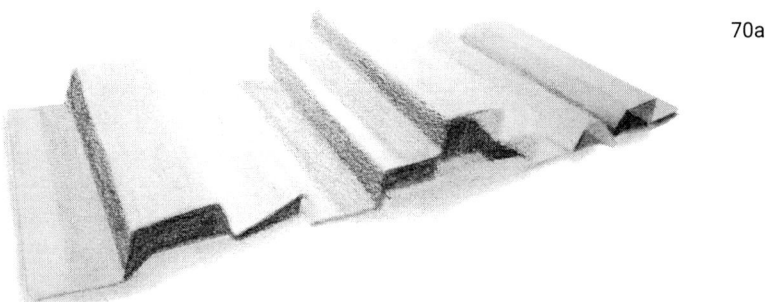

También se les pedía que entregaran fotografías de la figura que habían realizado mediante la técnica del plegado en papel –conocida comúnmente como *papiroflexia* u *origami*, en japonés– y de todo el proceso. Asimismo, cuando llegamos a la parte del curso en que se explica el color, pedimos a los estudiantes que volvieran a hacer el ejercicio de representar las tonalidades y sombras de la papiroflexia que habían modelado, pero esta vez en acuarela y a partir de diferentes gamas de un mismo color, que, en principio, debía ser distinto del gris.

70b

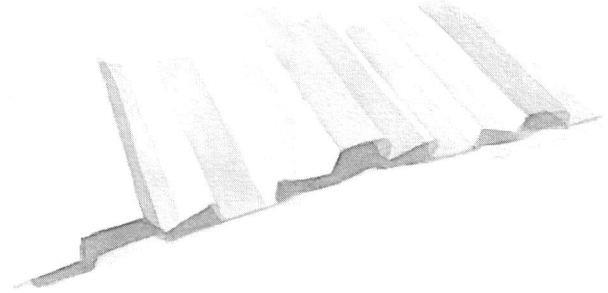

En cualquier caso, el paso previo a todo ello era pasar "de la hoja a la forma" –tal como refleja el título del libro de Paul Jackson– o, dicho en términos espaciales, del plano al volumen, con todas las connotaciones arquitectónicas que ello implica. En este sentido, según Eduardo Chillida: "El hecho de provocar un pliegue da un contenido al espacio extraordinario. Es de una riqueza espacial tremenda. La unidad está siempre ahí." [2]

70c

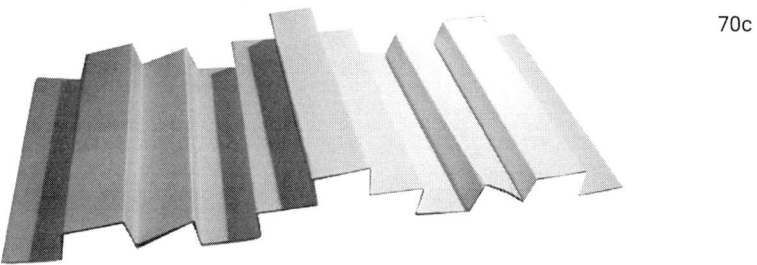

70. Leidy RUANO. Prof. Maite Díez, 2023.

---

2   MADRIDEJOS, S.; SANCHO OSINAGA, J. C. (1996): "Breve conversación con Eduardo Chillida". El Croquis, 81-82, pp. 14-23. Disponible en: https://dialnet.unirioja.es/servlet/articulo?- codigo=4355239

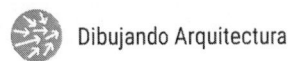

Del mismo modo, el estudio de arquitectura Sancho-Madridejos, siguiendo la estela de Chillida, ha desarrollado varios de sus trabajos en torno al pliegue, como instrumento generador de espacios en que la luz tiene igualmente un papel determinante.

En conclusión, el ejercicio propuesto sirve también para dar a conocer a los estudiantes una herramienta de diseño que pueden aplicar, y no solo como exploración formal. Por último, y en lo que al confinamiento se refiere, seguimos el proceso inverso al de la maqueta de origami y pasamos de compartir el espacio —en este caso, el de las aulas— a compartir el plano de la pantalla del ordenador. Y, aunque el curso acabó bien, definitivamente siempre es mejor vivir en la tridimensionalidad, es decir, "hacia arriba; no hacia el norte" [1]

---

1   BBOTT, E. A. (1999): Planilandia: Una novela de muchas dimensiones. Ilustrado por el autor. Introducción de Banesh Hoffmann y traducción de José Manuel Álvarez Flórez. Palma de Mallorca: José J. de Olañeta. Col. Torre de Viento, 2

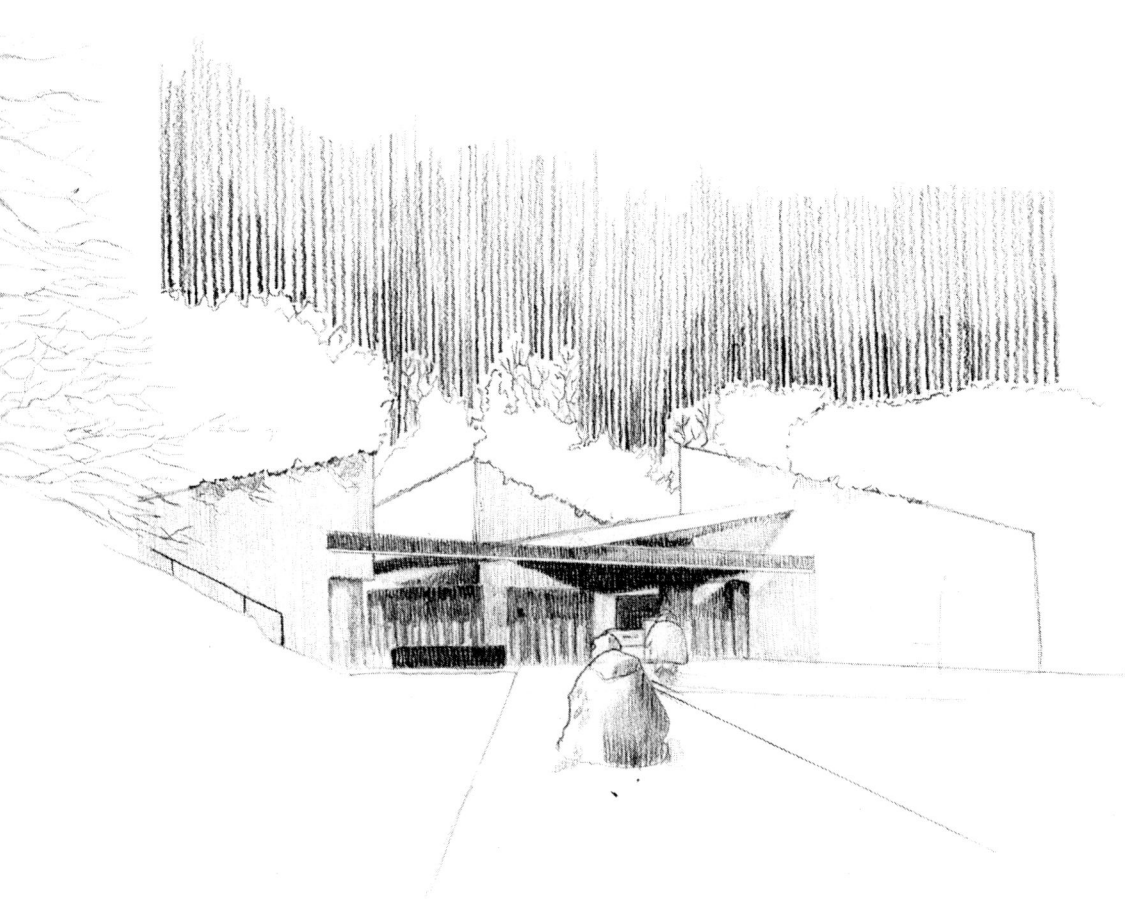

71. Saiba MAQSOOD. Prof. Bruno Sève, 2023.

15
Luz y materialidad
Recrear la luz y la materialidad - Isabel Zaragoza

"Identificamos instintivamente la luz con su fuente −el Sol− y la sombra con su límite −la oscuridad−; suponemos que la luz es un fenómeno de exterior, mientras que la sombra es un fenómeno de interior.

Es más cierto lo contrario: solo en los interiores la luz se materializa y se deja ver; lo que hay fuera son las sombras. La luz tiene presencia y da forma solo a lo de dentro, mientras que la sombra tiene presencia y da forma solo a lo de fuera."

Josep Quetglas, (2005, p. 262).

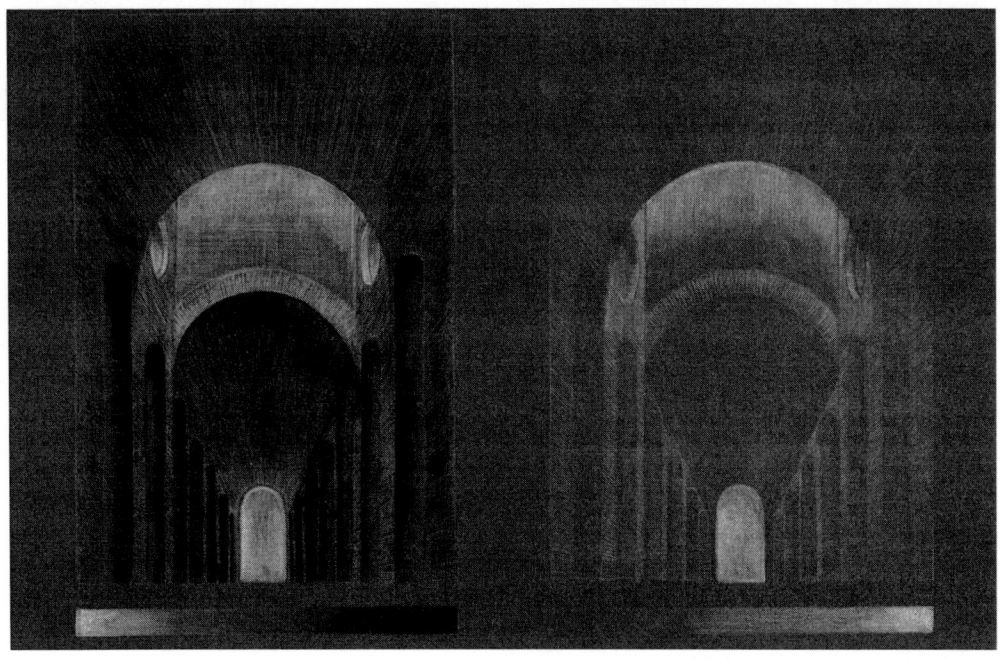

72. Víctor SENDIN. Prof. Isabel Zaragoza, 2023.

El dibujo arquitectónico de la luz y la sombra es una disciplina fascinante, que busca representar, de una manera precisa y evocadora, los efectos de la iluminación en los espacios arquitectónicos. Dibujar requiere observar atentamente y exige una cierta actividad creadora por parte del espectador ya que, como recordaba Rasmussen (2020), "no basta con dejar que la imagen se forme pasivamente en la retina. Esta procede como una pantalla de cine sobre la cual se sigue un flujo constante de diferentes imágenes; pero el cerebro, tras el ojo, solo llega a ser consciente de unas pocas".

A lo largo de la historia, la percepción y la representación de la luz se ha ido experimentando de modos muy diversos. Aunque la mayoría de las representaciones arquitectónicas se inician con instrumentos de trazo lineal, en la naturaleza no existen las líneas como tales, sino intersecciones entre las superficies. Este esfuerzo de abstracción es una de las características del dibujo de arquitectura e implica construir la materialidad perceptible a base de técnicas o soportes diversos.

Es necesario visualizar el espacio de manera sintética para focalizar su aspecto formal y tonal básico, prescindiendo del detalle. Un recurso que suele funcionar es hacer aproximaciones visuales con los ojos entornados para fijarnos en los valores tonales y lograr establecer una escala tonal básica. A partir de ahí, se podrá recrear el gradiente de tonos, ajustando contrastes y expresando la materialidad del espacio arquitectónico con economía de medios.

Para representar la luz, es fundamental tener en cuenta algunos conceptos básicos. En primer lugar, interesa observar cómo incide en las diferentes superficies y materiales, ya que cada paramento reacciona de manera distinta. En función de la fuente de luz y de su carácter, se representan las sombras creadas en el propio volumen

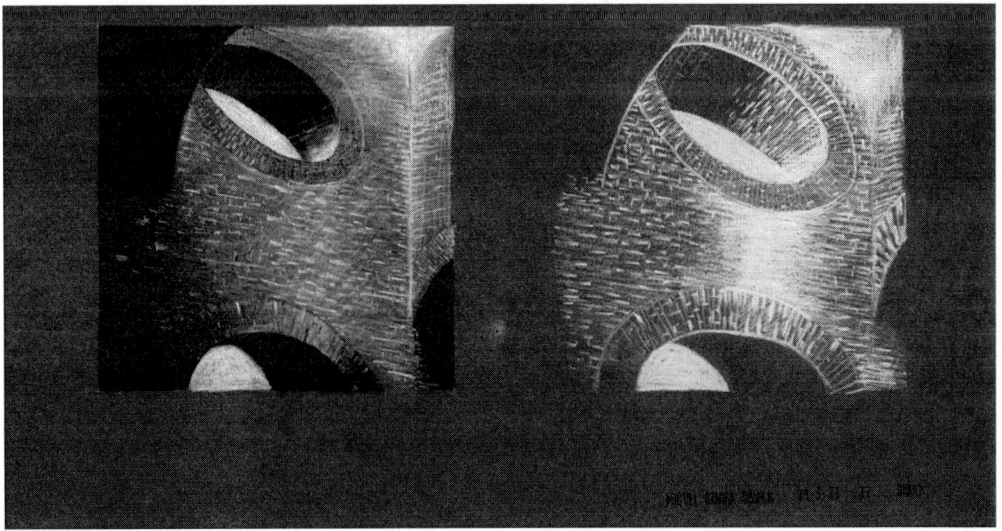

73. Miquel ROVIRA. Prof. Isabel Zaragoza, 2023.

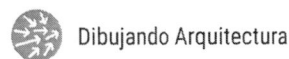

(sombras propias) o la construcción de las sombras proyectadas por dichos volúmenes. Además, la luz reacciona de modo distinto en función de la materialidad de los paramentos. Por ejemplo, una pared de ladrillos puede reflejar la luz de una forma más áspera y fragmentada que una superficie lisa y pulida.

Conseguiremos representar la luz a partir de las sombras, de la interacción entre la claridad y la oscuridad. De este modo, haremos surgir el espacio y la atmósfera del dibujo, de un entorno construido o imaginado. Mediante la utilización de técnicas de difuminado y mezcla de tonos, se consiguen crear transiciones suaves entre las áreas iluminadas y las sombras. Esto se puede lograr mediante el uso del esfumado con los dedos, con difuminadores o con pinceles suaves. Estas técnicas ayudan a captar la gradación tonal y las sutilezas de la luz en el espacio arquitectónico. El sombreado es un procedimiento formal que vitaliza las áreas planas y convierte una superficie en un dibujo mediante la creación de luces y sombras. Habitualmente, la superficie del papel es clara y cada trazo que dibujamos hará que el papel se vuelva más oscuro de lo que era, de modo que representar la luz es una aspiración que, en principio, parecería ilógica (Boerboom, 2017).

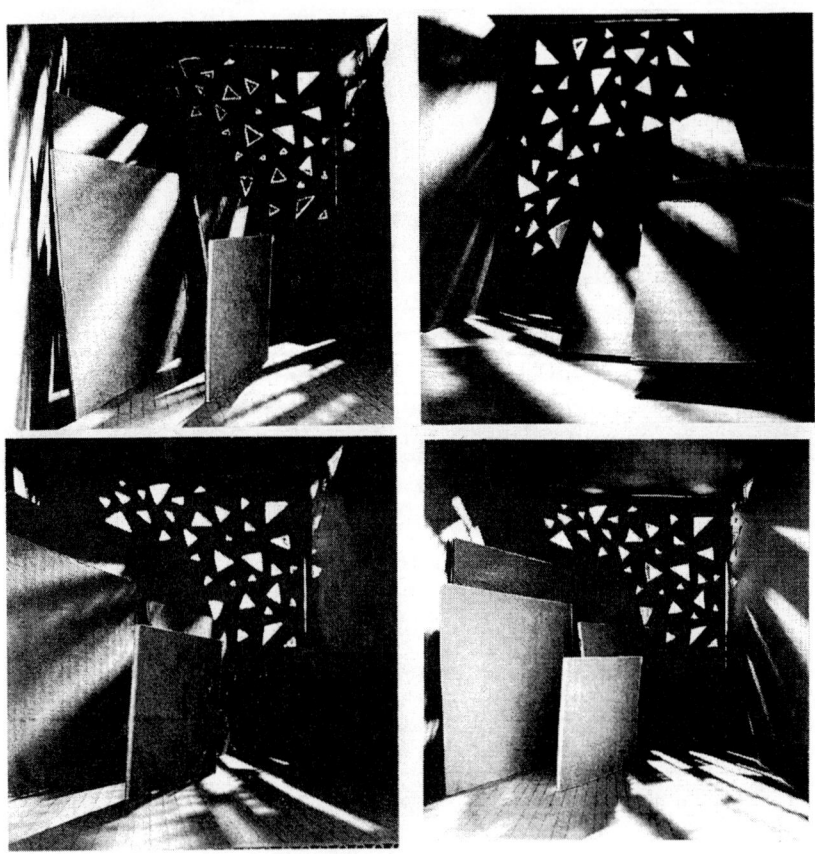

74. María OMELCHENKO. Prof. Isabel Zaragoza, 2023.

Se propone que el estudiante reflexione sobre la incidencia de la luz, de la materialidad y su representación tomando como caso de estudio los espacios rehabilitados para la biblioteca de la UPF en el Dipòsit de les Aigües del Parc de la Ciutadella de Barcelona (obra de Clotet, Paricio & Associats). La obra se caracteriza por la fuerte presencia de bóvedas construidas con fábrica de obra y elementos exentos de hormigón prefabricado en que se perciben diferentes efectos lumínicos en los paramentos y atmósferas diversas por las aberturas laterales y cenitales. Durante la visita de estudio, se trataba de seleccionar fragmentos de la obra y ver/reconocer los efectos lumínicos que incidían sobre los paramentos. Una vez elegido el punto de vista, se buscaba recrear los efectos mencionados mediante la exploración de otras variables, como el tipo de soporte o la elección de los tonos.

Así pues, se puede conseguir la representación de luz y la sombra añadiendo gris o negro, en otras palabras, oscureciendo los tonos sobre papel blanco o añadiendo valores tonales de blanco a un soporte contrastado. Por otro lado, si se dibuja a dos tonos (blanco y negro) sobre un papel coloreado, es posible centrarse en la acción de aclarar con el lápiz blanco y oscurecer con el lápiz negro (4B). De este modo, aparecen los brillos más intensos y las sombras más oscuras. Además, se puede elegir el color del papel para representar la materialidad mediante la transparencia o medios tonos.

En resumen, el dibujo de la luz en el espacio arquitectónico con técnicas blandas es una habilidad que permite representar y comunicar de manera efectiva la interacción de la luz en un entorno construido o imaginado. A través de una observación detallada y del uso de los materiales adecuados, se consigue capturar la delicadeza de la luz y su comportamiento en el ambiente arquitectónico. La elección de técnicas blandas y del soporte adecuado proporciona más control sobre los tonos y las texturas y permite una representación matizada e intencionada de este fenómeno visual.

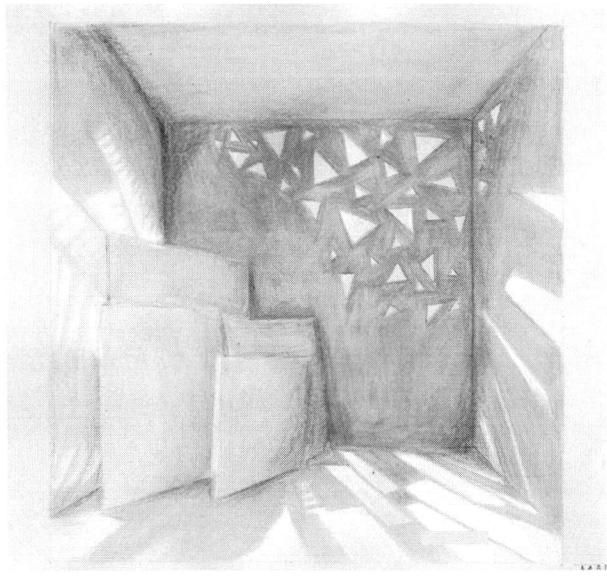

75. María OMELCHENKO.
Prof. Isabel Zaragoza 2023

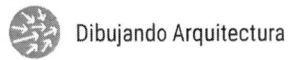

Referencias

- BERGER, J. (2005): *Sobre el dibujo*. Barcelona: Gustavo Gili.

- BOERBOOM, P. (2017): *Dibujar la luz*. Barcelona: Gustavo Gili

- DE MOLINA, S. (2016): *Hambre de arquitectura. Necesidad y práctica de lo cotidiano*. Madrid: Ediciones Asimétricas

- OBRIST, H.-U. (2019): *Junya Ishigami*. Londres: Koenig Books. Col. 2G, n.º 78.

- RASMUSSEN, S. (2020): *Experiencia de la arquitectura*. Barcelona: Reverté

- RODRÍGUEZ, D. (2020): "Trazos como brotes". Texto para el concurso *Archive Series* 1: "Esos destellos de polvo. Josep María Jujol, profesor de dibujo, ETSAB UPC"

- TORRES, E. (2015): *Luz cenital.Barcelona*: Col·legi d'Arquitectes de Catalunya

- VALÉRY, P. [1973] (2007): *Cuadernos 1984-1945*. Barcelona: Galaxia Gutenberg, 2007.

16
Dibujo y movimiento
Un acercamiento a la corporalidad y al espacio a través del dibujo, del movimiento y de la música
Renata Espinheira-Gomes

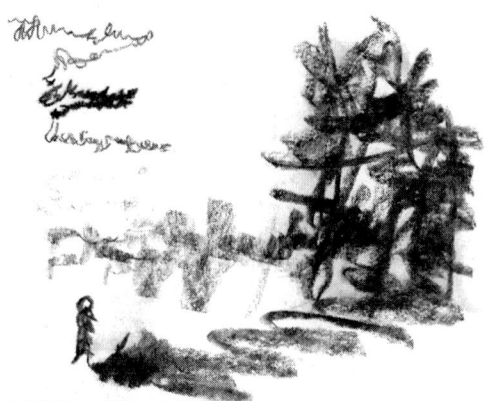

76. Laura FONT MORALES. Prof. Renata Gomes, 2023

Introducción

El espacio es un concepto muy amplio, que es explorado por muchos campos del conocimiento. En él están intrínsecos conceptos muy diversos, como el cuerpo, el movimiento e incluso la música. Estos conceptos no constituyen una materia específica de un único campo disciplinario, lo cual obliga a abordarlos de una forma más holística. Este tipo de abordaje debe trabajarse también en el campo de la arquitectura, tanto en la fase de formación como en su praxis. Pero ¿cómo se relacionan el cuerpo, el movimiento y la música en el espacio?

Desde la Antigüedad clásica, ya se enunciaba que el espacio no existe sin un cuerpo, ni el cuerpo existe sin un espacio. Esta teoría lleva a entender que la existencia humana es a la vez corporal y espacial. Entre otros autores que defienden esta línea teórica, se encuentra Maurice Merleau-Ponty, que, partiendo de la idea de la existencia corporal y espacial, insiste en la inherencia del tiempo en esta relación. Señala que el cuerpo habita el espacio y el tiempo y que es espacio y tiempo. En esta relación espaciotemporal humana, hay inherente otro factor: el movimiento. Es el movimiento, inscrito en un tiempo, lo que permite al cuerpo explorar y apropiarse de un espacio.

La relación de la música con el espacio surge desde una perspectiva más emocional, poética y fenomenológica. Tanto el espacio como la música permiten que el ser humano viva una experiencia espacial –un espacio puede llevarnos a sentir la música al igual que la música puede llevarnos a sentir un espacio. No tiene que ser necesariamente un espacio físico, pues existen varias categorías de espacio –por ejemplo, los espacios imaginados e incorporados. Los lugares creados por la música no son físicos, pero tienen la sustancia de la realidad que tiene un lugar. Esta idea es defendida por autores como Philip Glass, que sostiene que la música es un lugar donde vivir (Glass, 2017).

Esta fugaz exposición de la relación del cuerpo, del movimiento y de la música con el espacio justifica la relevancia de trabajar estos temas en el campo de la arquitectura.

Práctica

"El dibujo parte de una coordinación eficaz entre acción
y huella, entre movimiento y trazo fijo."
Lino Cabezas, Miguel Copón, Juan José Gómez Molina,
Catalina Ruiz Mollá, Ana Zugasti, 2007

El ejercicio se basa en la acción de dibujar revelando el potencial de este medio para experimentar los espacios a través del cuerpo, del movimiento y de la música.

Se propone el dibujo orientado sobre todo por la sensibilidad, la emoción y la intuición, subrayando el gesto libre y despreocupado necesarios a tal efecto. La danza surgirá y se moldeará conforme a la naturaleza de la música que suene. Mientras se dibuja, la relación del gesto, como el sonido y la música, impulsa tendencias espaciales y atmosféricas.

La conciencia de esta aproximación al espacio, al cuerpo, al gesto y a la música a través del dibujo, o de otra forma de expresión artística, no es ninguna novedad. Existe desde hace mucho tiempo y fue redescubierta en el tiempo de las vanguardias.

Aunque ha sido menos explorada, esta consciencia y este tipo de aproximación siguen siendo necesarias en muchos contextos, como en el campo de la formación arquitectónica y, en concreto, del dibujo. Ejercicios de este tipo se enmarcan en la creencia de varios autores, que consideran que el prisma de análisis, comprensión y experiencia del dibujo debería comenzar con las relaciones que este establece con campos como la danza, el cine, el teatro o la música (AA. VV., 2007: 10).

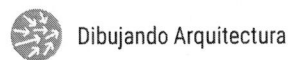

El ejercicio se hizo con los ojos cerrados o tapados, porque la visión distrae los demás sentidos. De esta forma, el sonido gana protagonismo y el gesto pierde timidez. La mano, el brazo y el hombro han sido los miembros corporales que más han bailado, ya que la pista de danza se ha limitado a la hoja de papel. El material utilizado ha sido el carboncillo, por su materialidad y amplitud expresiva. A continuación, se muestran huellas de varias danzas realizadas a través del dibujo.

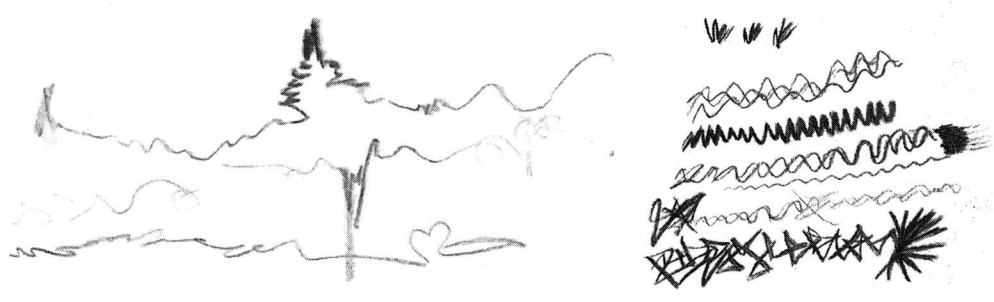

77. Andrea PEÑA. Prof. Renata Gomes   78. Miguel ÁNGEL. Prof. Renata Gomes

Primer paso: bailar bajo el silencio. En este grupo de dibujos (77 y 78), se expresan las primeras danzas. Son danzas tímidas, en que el gesto y la huella demuestran (unos más que otras) la dificultad inicial de desconectarse y de entrar en la atmosfera y en el lugar musical. El trazo es más preso, duro, tímido, condicionado y limitado.

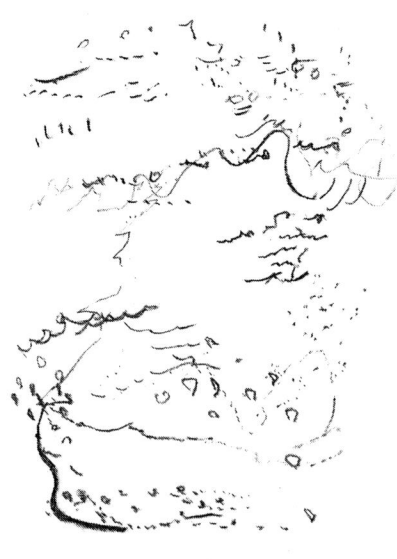

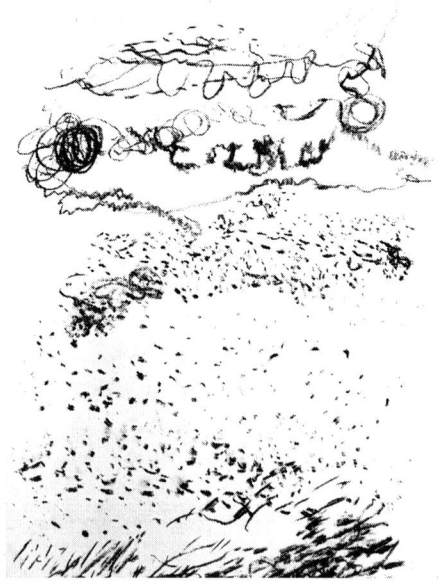

79. Andrea PEÑA. Prof. Renata Gomes.   80. Elsa ZABALA. Prof. Renata Gomes.

Segundo paso: bailar bajo la música. En estos dibujos (79 y 80), ya se percibe una danza más despreocupada, en que el trazo se expresa de una forma un poco más ágil. El estilo musical-experimental, al ser un tanto desconocido, sin referencias, incita a los estudiantes a basarse más en la imaginación y la creatividad. En estos dibujos, podemos ver momentos de pausa, momentos de intermitencia y de contraste musical y/o gestual. En algunos de ellos, podemos intuir alguna timidez o el sentimiento de desorientación. Finalmente, percibimos una cierta heterogeneidad en este evento, que hace que los espacios representados por las huellas nos lleven igualmente a vivir experiencias y lugares heterogéneos.

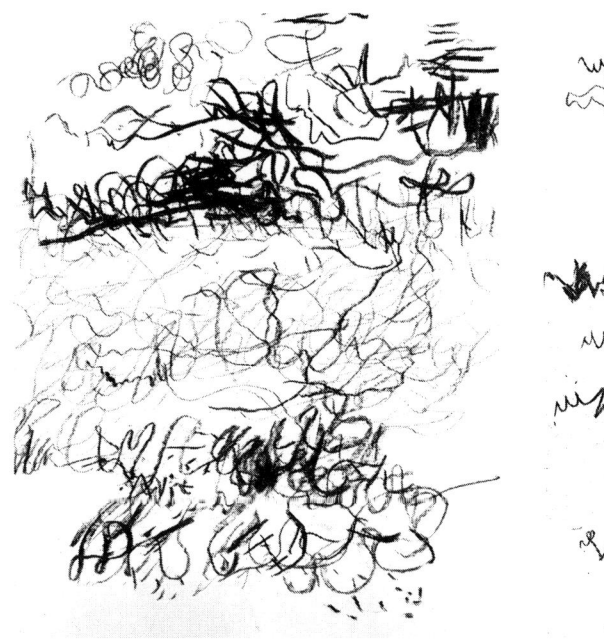

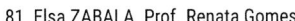

81. Elsa ZABALA. Prof. Renata Gomes

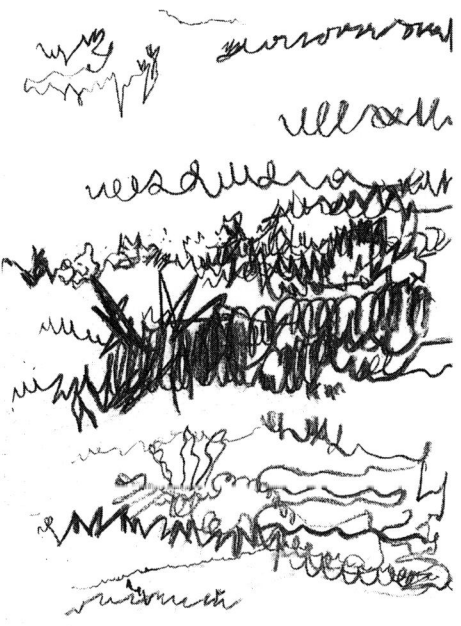

82. Miguel ÁNGEL. Prof. Renata Gomes

Tercer paso: bailar bajo la música de un estilo más conocido. En estos dibujos (81 y 82), podemos ver una danza más fluida y menos reticente, porque la música que suena es el jazz. Independientemente de que el estudiante se identifique o no con este tipo de música, percibimos ahora un gesto, un baile, más seguro por la familiaridad e identificamos una mayor apertura en el gesto. Ahora, la música, al igual que la línea o huella y el gesto, es más continua. Todo es más ágil y armonioso, como el lugar que podemos vivir por la lectura de estos dibujos.

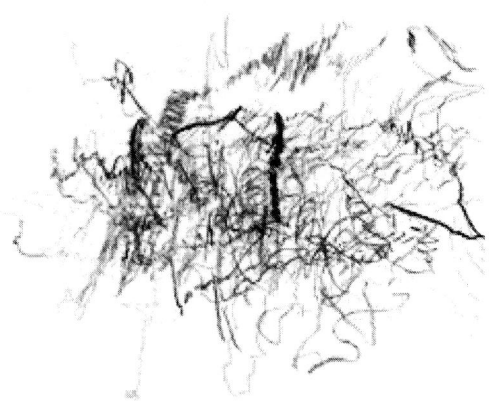
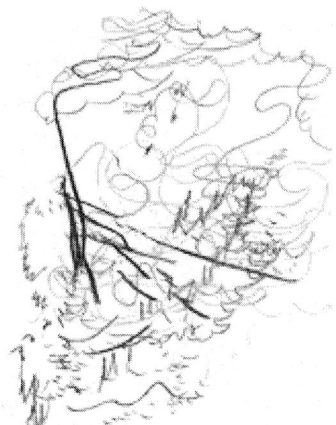

83.Aida VALLÈS. Prof. Renata Gomes   84.Andrea PEÑA. Prof. Renata Gomes

Cuarto paso: bailar bajo una música de su elección. En este grupo de dibujos, se presiente un ambiente de euforia por el gesto y la huella. Ello se debe a que las diversas músicas lanzadas han sido elegidas por los estudiantes. El gesto es ciego y el estudiante disfruta con la danza, y la música y el gesto lo llevan a vivir memorias que combina con la imaginación y la creatividad. El dibujo es orientado por las varias músicas que se escuchan –hay músicas lentas y románticas, músicas melancólicas y profundas y músicas explosivas y casi histéricas. El trazo es libre, es vívido.

A modo de conclusión, se señala la importancia de este tipo de ejercicios porque trabajan la corporalidad y la vivencia en el dibujo, estimulan la reinvención de atmósferas, sensaciones y estados de ánimo, así como la exploración de la percepción más difusa y errante –todos ellos procesos inherentes al dibujo y al acto de proyectar. Desde el punto de vista técnico del dibujo, se entiende que con este tipo de ejercicios el gesto y la huella del estudiante (el trazo, la mancha, etc.) empiezan a perder timidez y a ganar más fluidez y madurez.

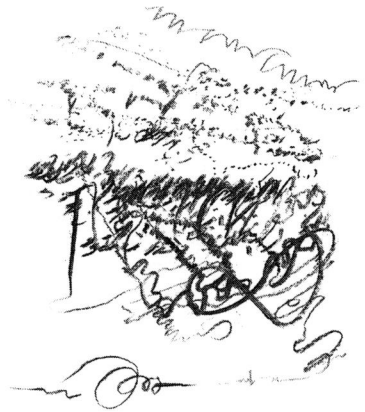

85. Miguel ÁNGEL. Prof. Renata Gomes

17
El relato mediante técnicas mixtas

Salvador Gilabert

El dibujo no es solo una forma de expresión, sino que va más allá. Utilizando las herramientas gráficas para la génesis de su arquitectura, la obra nace en el dibujo. Al ser un trabajo tan rico en matices, necesita todo tipo de recursos, que mezcla sin pudor mediante el dibujo de composiciones a diferentes escalas y combina con textos. Es un dibujo que, en su construcción, se está convirtiendo en un proyecto.

Tanto los bocetos como los planos de proyecto configuran una suma de información en forma de superposiciones. Estas concepciones están relacionadas directamente con su forma de representar los proyectos, pero, al mismo tiempo, la intención principal de los dibujos de ideación es la creación de arquitectura.

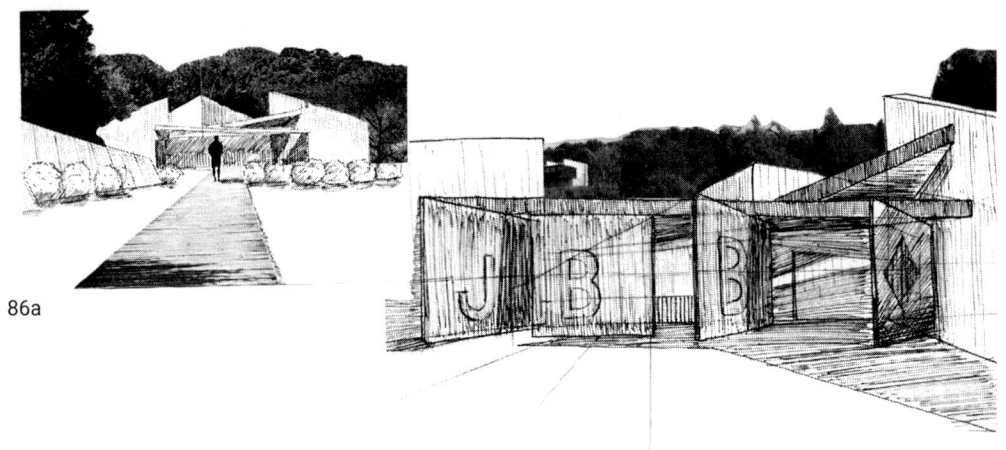

86a

86b

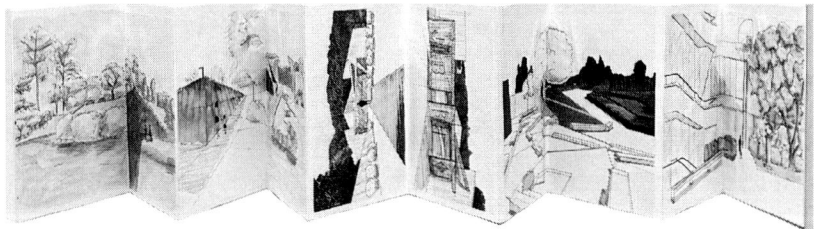

87

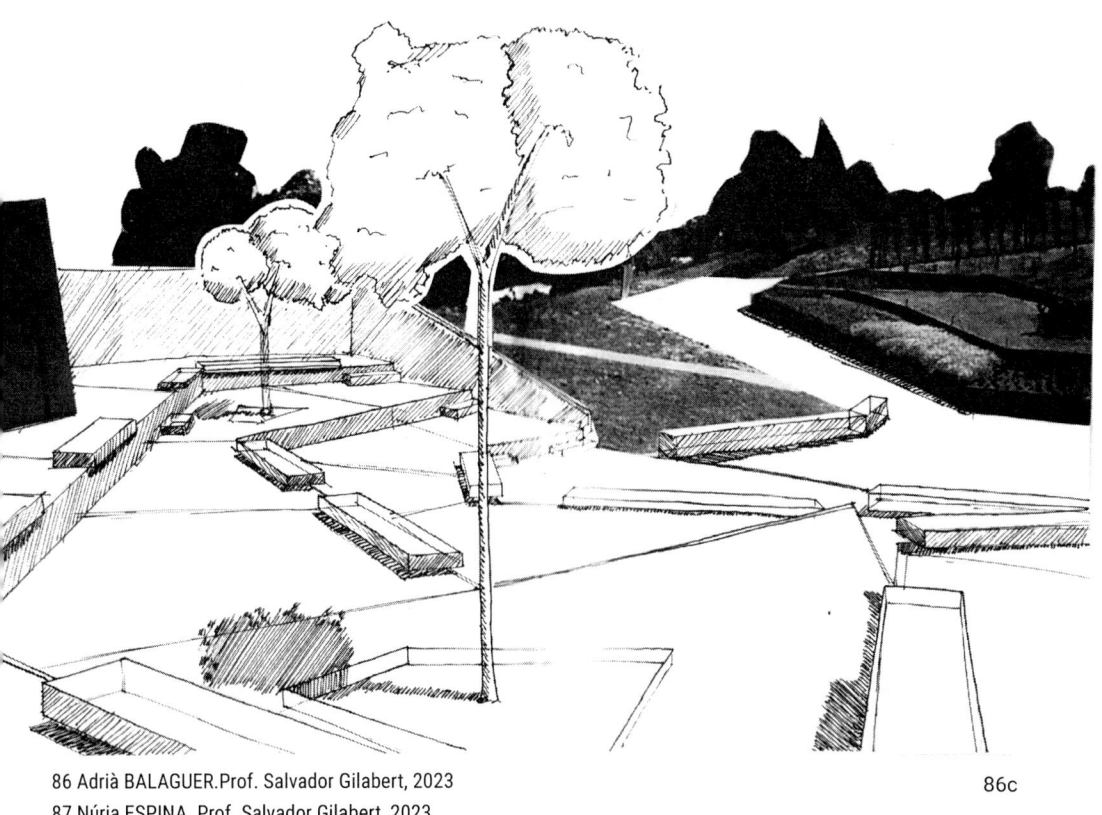

86 Adrià BALAGUER.Prof. Salvador Gilabert, 2023
87 Núria ESPINA. Prof. Salvador Gilabert, 2023

86c

Por tanto, aunque se puede entender que las composiciones de los dibujos contienen toda la información esencial del proyecto, estos dibujos no son meramente representativos de la arquitectura, al menos desde el punto de vista conceptual: son arquitectura en sí misma.

Las transparencias dejan ver las capas y su construcción; en ellas se aprecia la preocupación por el devenir del espacio interior, que toma forma a partir de esta sucesión de elementos que delimitan la perspectiva. En este caso, no son perspectivas a modo de lienzo; aquí se pierden los contornos, porque lo que no está no importa en absoluto.

En aquel momento, no existían más que en la mente del arquitecto; eran pensamientos arquitectónicos nuevos, ideas de proyecto que se materializaban a través de esos dibujos.

«Rastrear el origen de lo que son las cosas. Un dibujo que debería ser espontáneo y directo para poder ser considerado como "anotación" y desde ella descubrir la solución a un problema arquitectónico específico.»

(Rafael Moneo, 2009)

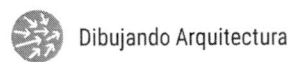

Podríamos hablar de una manera de dibujar que proyecta y piensa una manera de entender la arquitectura. Los dibujos se van encontrando a la solución de los problemas cada vez que se realiza un trazo de aproximación, lo cual los convierte en dibujos más expresivos y con una gran cantidad de trazos, trabajando simultáneamente la idea de superposición de información en los bocetos, donde se integran los diversos conceptos que configuran las geometrías y los espacios de la arquitectura como suma de información, nunca como una relación directa entre la forma-función.

Una de las cosas que transmiten estos dibujos es esa manera de ser y de hacer. Es a través de esta forma de plasmar las ideas, mediante un determinado tipo de líneas, como trata de expresar en cada momento su pensamiento.

«El dibujo es un medio de conocimiento; es verdad, a través no del dibujo, sino de la observación detallada de los documentos que sirven para pensar, construir, comunicar [...]. Son documentos personales que comentan muchas más cosas, cosas distintas que la construcción misma.» (Enric Miralles, 1987)

«Dibujar [...] es como anotar un pensamiento o escribir ese pensamiento.»
(Enric Miralles, 1987)

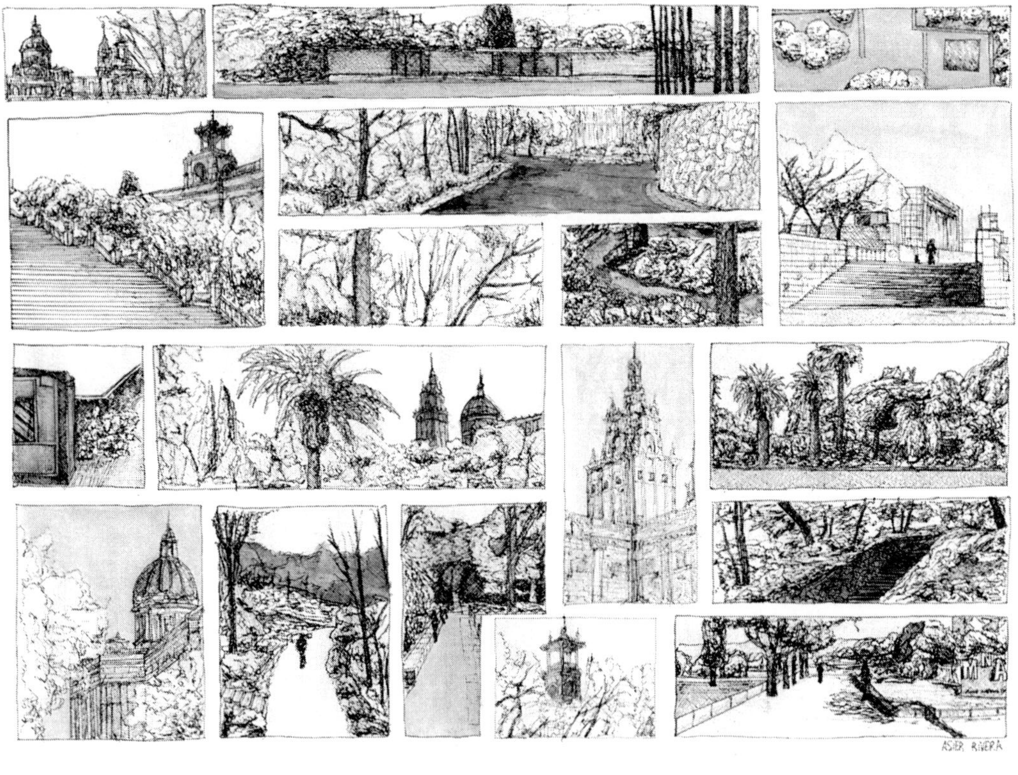

88 Asier RIVERA. Prof. Bruno Sève, 2023

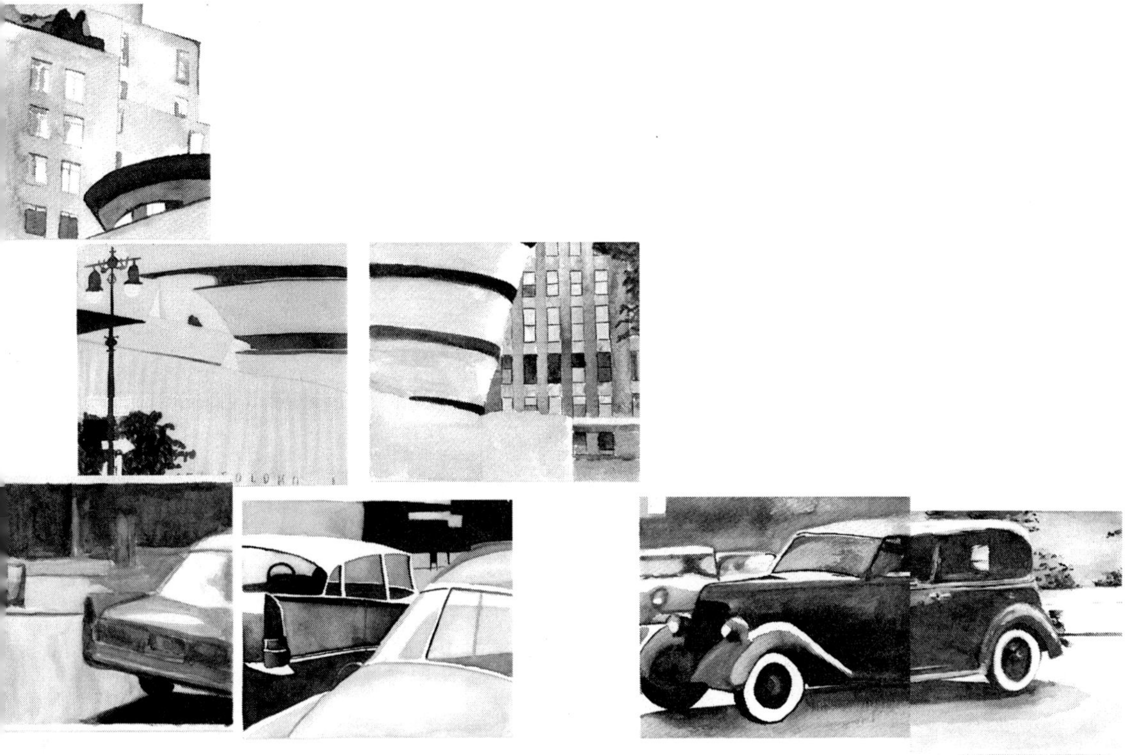

89. Helena LÓPEZ, Maraike URGER, Julia ROSAL, Marc VENTOSA, María QUIROUS, Cecilia VARGAS, Josep JAUME. Prof. Isidre Santacreu, 2023.

Esta forma de entender el dibujo y la escritura hace que los cuadernos de notas o los planos y sus composiciones puedan estar repletos tanto de dibujos como de notas escritas, conviviendo ambos con igual valor informativo y estético. Así podemos observar que, cuando conviven en las composiciones de los planos donde el texto acompaña al dibujo, comparten protagonismo y ambos se complementan. La línea del dibujo se transforma en texto, y al revés. El texto es una línea salida de un dibujo que se ha transformado en escritura. Casi se confunde una cosa con la otra, y podríamos decir que son lo mismo.

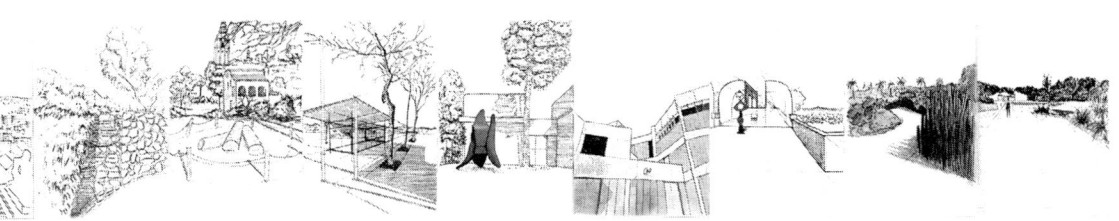

90. Mikki GALLARDO. Prof. Salvador Gilabert, 2023

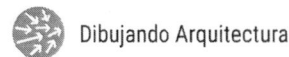

Las composiciones de dibujos compuestos se configuran como una suma de información a modo de superposiciones, nunca como una relación directa entre la forma y la función; al contrario, podríamos decir que en estas combinaciones se fusionan capas de investigación sobre la historia del lugar, los condicionantes geográficos, el programa y sus propias referencias, a modo de estratos. Una vez manipulada toda esta información con su propio proceso creativo y a través de mecanismos de trabajo como la yuxtaposición, la translación, la destrucción y, posteriormente, la recomposición, se obtienen como resultado estos dibujos compuestos en planta, que son el proyecto en sí mismo.

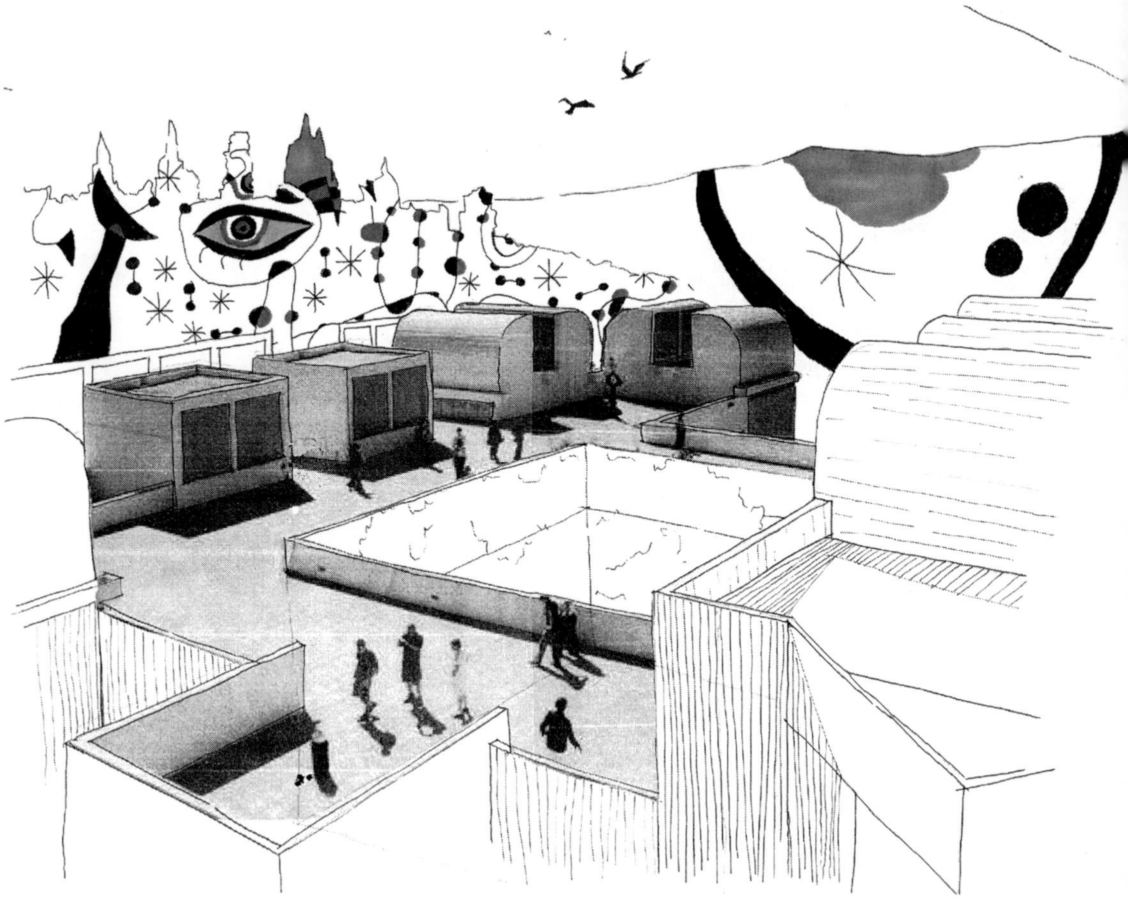

91. Núria ESPINA. Prof. Salvador Gilabert 2023.

Referencias

ASUNCIÓN, F. (2002): *DC*. Barcelona: Escuela Técnica Superior de Arquitectura de Barcelona. Departamento de Composición Arquitectónica, n.º 17-18.

GILABERT SANZ, S. (2015): *Enric Miralles, el dibujo de la imaginación*. Tesis doctoral. Universidad Politécnica de Valencia, pp. 2/7-2/9.

LORD, J. [1946] (2002): *Retrato de Giacometti*. Madrid: Antonio Machado Libros.

MIRALLES, E. (1987): *Cosas vistas a izquierda y derecha (sin gafas)*. Tesis doctoral. Barcelona: Escuela Técnica Superior de Arquitectura de Barcelona.

MIRALLES, E.; ZAERA POLO, A. (1995): *Enric Miralles*. 1.ª ed. Madrid: El Croquis. Col. Monografías El Croquis, n.º 72 [II], p. 133

MIRALLES, E. (1996): *Obras y proyectos*. Madrid. Electa España. Col. Documentos de Arquitectura, p. 27.

MIRALLES, E. (1995): Entrevista concedida en la exposición "Autografías" de la ETSAP.

MONEO, R. (2009): "Cosas vistas de izquierda a derecha (sin gafas): un comentario a la tesis doctoral de Enric Miralles Moya, 1987". *DC*. Barcelona: Escuela Técnica Superior de Arquitectura de Barcelona. Departamento de Composición Arquitectónica, n.º 17-18.

TAGLIABUE, B.; MARISCAL, J. (2001): *Arquitectura dibujada. El proyecto de Miralles/ Tagliabue para Diagonal Mar*. Barcelona: Salvat. Col. Diseño Gráfico con Mariscal, p. 3.

TAGLIABUE, B. (2014): "Conversaciones con Benedetta Tagliabue". En: GILABERT SANZ, S. *Enric Miralles, el dibujo de la imaginación*. Tesis doctoral. Universidad Politécnica de Valencia, p. 2/11.

18
Creatividad e ideación
Salvador Gilabert

El proceso creativo a través de la expresión gráfica

> *"Lo más importante es el arte de iniciar el pensamiento, el camino de inventar y representar las cosas".*

Enric Miralles

Comenzar a trabajar ese pensamiento a través del dibujo, combinando las técnicas del lápiz, la tinta, el color, el *collage*, etc. siempre a mano, es lo mejor de los dibujos, los estudios intermedios que son un proceso de ideación.

El dibujo no solo es una forma de expresión. Utilizar las herramientas gráficas para la génesis de la arquitectura convierte el dibujo en una obra rica en matices, Se analizarán estas estrategias gráficas proyectuales y su proceso a través de los dibujos, los *collages* y los cuadernos de viajes.

92. Mikki GALLARDO. Prof. Salvador Gilabert, 2023

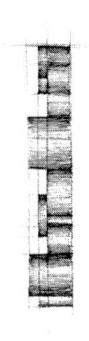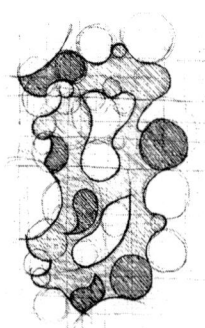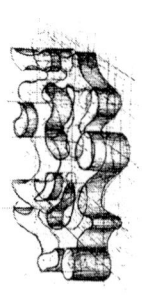

92b

Los dibujos no solo son de representación; su intención principal es la creación, el momento incierto de la génesis de la obra, y cómo se desarrolla para generar arquitectura.

Es una manera de entender el mundo de la arquitectura que no se basa en el discurso de creación a partir de una función-idea-forma en que la forma sigue a la función. Por el contrario, es una manera de trabajar a partir de un diálogo entre las ideas, el entorno o el lugar, donde entran factores más subjetivos, como la intuición o los condicionantes del lugar y su entorno, y donde caben influencias de todo tipo. Es una metodología basada en el proceso abierto, en que actúan diversos factores a la hora de definir una geometría. La arquitectura obtenida es resultado de la interacción de esas relaciones mentales, trabajadas y elaboradas durante el proceso, nunca un fin a *priori*.

En definitiva, esta manera de aproximación al proyecto se basa en profundizar en el conocimiento del proceso de creación de la arquitectura, sin más restricciones que los programas y las necesidades del objeto de proyecto.

Este modo de hacer tiene que ver con los procesos de elaboración de los talleres de arte, en que el proceso de trabajo ya es en sí arquitectura y adquiere más importancia

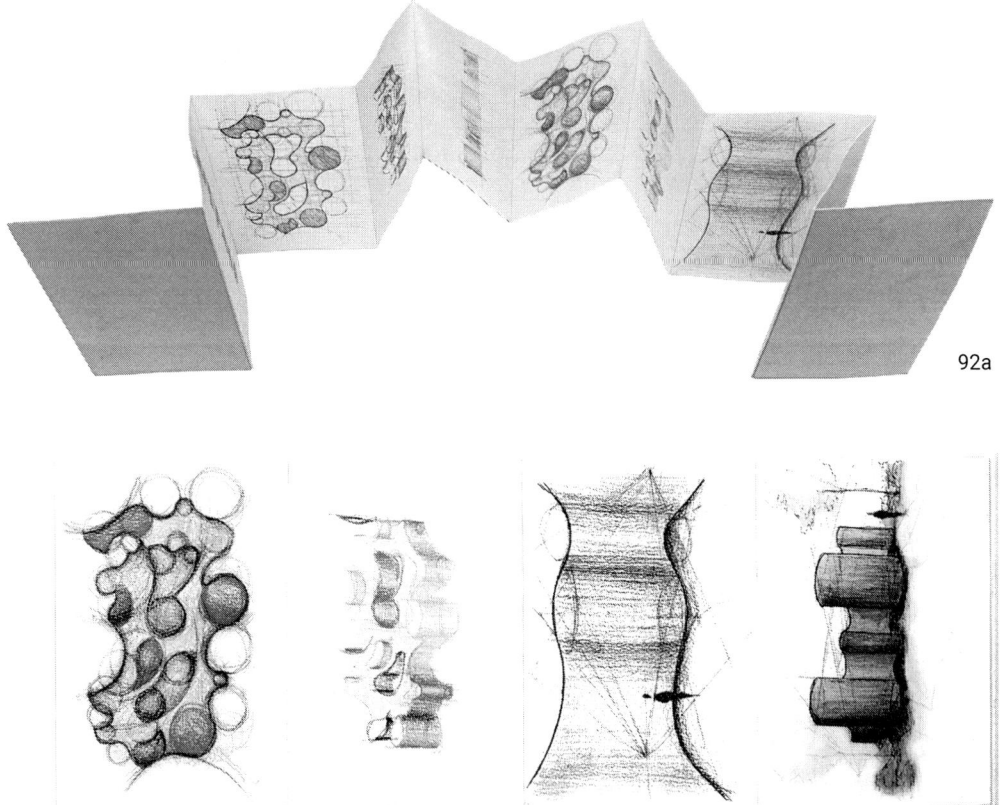

92a

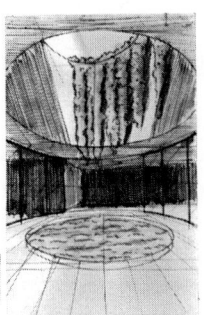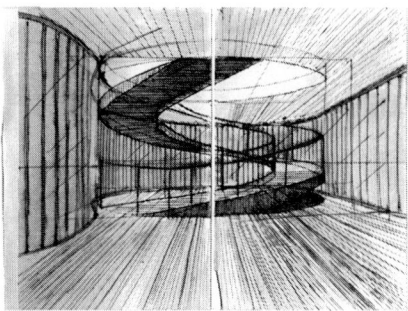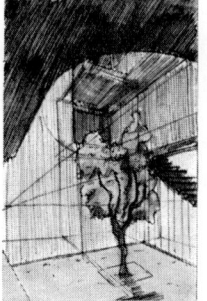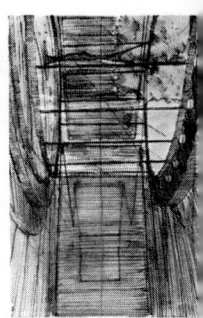

que el resultado final. Bergson considera que esta inventiva creadora es una "facultad fabuladora", que permite al hombre inventar realidades. Es una capacidad que muchas veces se denomina, erróneamente, *imaginación*.

Así pues, beber de las fuentes de los artistas plásticos, de la libertad de sus expresiones que están lejos de la representación obligada, es, en ocasiones, el trabajo de los arquitectos. La patafísica, la deriva situacionista o la poesía son recursos empleados en una forma de creatividad no restrictiva y abierta. El proceso une dos disciplinas intuitiva y académicamente distintas, pero válidas: el dibujo intuitivo y el dibujo estructurado, que aúna conceptos como la restricción semántica y la combinatoria, que se utilizarán para enfocar su propio acto de creación.

Otros mecanismos recurren, en ocasiones, a las variaciones de una misma situación o a acometer una problemática desde diferentes enfoques.

Repetir una y otra vez diversas variantes de una misma idea, aplicada a un proyecto, contando la misma cosa de formas diferentes, se abre el camino de repente.

Esta manera de aproximarse a las cosas genera múltiples posibilidades y variantes, creadas sin restricciones.

El resultado viene, pues, como consecuencia de este trabajo de elaboración, nunca como una idea impuesta; por ello, las geometrías resultantes parecen casi imposibles de imaginar a priori. Son el resultado de la superposición de capas y estratos de información elaborados y trabajados mediante el dibujo como herramienta de trabajo. Otra de esas herramientas es el *collage*, que tiene la capacidad de integrar toda una serie de información dispar.

Estos procesos son más bien esquemas mentales en que, a través de un proceso creativo organizado, nunca estricto sino condicionado a cada proyecto planteado, se integra la información, necesitando la acción para encontrar la solución al problema.

Esta especie de diálogo entre las cosas se produce igualmente entre el alumno y el profesor en el aula, donde transportaba problemáticas actuales a través de planteamientos y enunciados, con procesos de trabajos derivados de sus investigaciones pre-

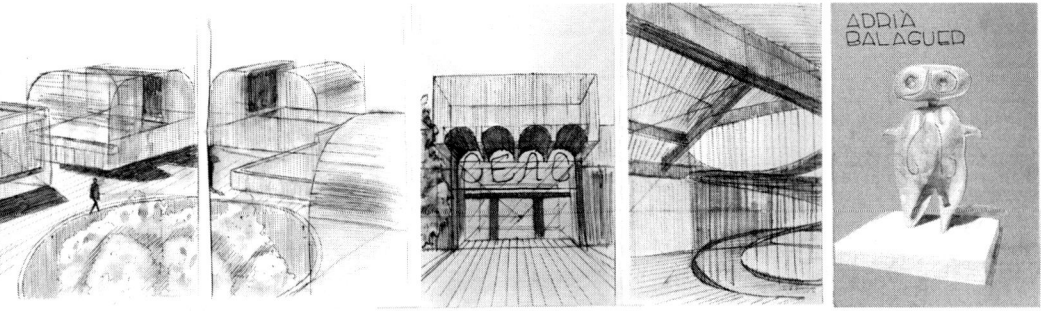

93a

vias, además de la aplicación, en los trabajos de expresión gráfica, de los *collages* como medio de superposición de la información gráfica que añade valor a los dibujos a mano, o las composiciones de las láminas como valor arquitectónico y artístico en sí mismo.

A través de estas experiencias, y tras comprobar los resultados de los alumnos de primer curso, observar su actitud antes y después de los ejercicios y dialogar con ellos, se han obtenido, en el 95% de los casos, refuerzos positivos sobre el resto de los contenidos de la asignatura. Los alumnos han explicado su felicidad al liberarse del encorsetamiento que les produce dibujar a mano una y otra vez los ejercicios del día a día de la asignatura de Dibujo en los ejercicios habituales (por otra parte, completamente necesarios para aprender a dibujar y a conceptualizar la arquitectura).

A lo largo de los ejercicios, los alumnos han experimentado textualente la "libertad creativa", que les ha llevado instintivamente a expresar sus ideas de una forma más personal y atrevida. Este hecho les ha impulsado a apreciar más la evolución del curso, entendiendo y asimilando mejor tanto los ejercicios más rutinarios como los más experimentales. También ha logrado relajar la tensión de quien se sabe más lento en los progresos disciplinarios, a favor de unas acciones más libres y personales. De forma complementaria, a quienes dibujan de una forma más solvente les ha abierto un nuevo mundo, lleno de posibilidades creativas, no tan habituales en esta etapa del aprendizaje del arquitecto.

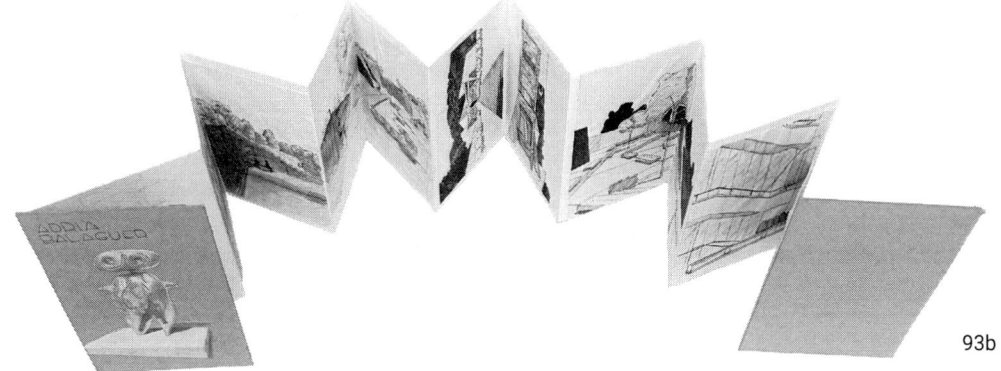

93b

93. Adrià BALAGUER. Prof. Salvador Gilabert 2023.

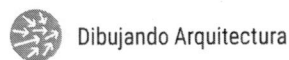
Referencias

GILABERT, S. (2015): "Enric Miralles, el dibujo de la imaginación". Tesis doctoral. UPV.

GRANELL, E. (2009): "Singladura de instantes: Nueva sede para el Círculo de Lectores en Madrid, 1990-1992". *DC. Revista de Crítica Arquitectónica*", 17-18, pp. 155-162.

MARINA J. (1993): *Teoría de la inteligencia creadora*. Barcelona: Anagrama, p. 160.

MIRALLES, E.; ZAERA POLO, A. (1995): *Enric Miralles*. 1.ª ed. Madrid: El Croquis, p. 133. Colección "Monografías El Croquis", n.º 72 [II].

MUNTAÑOLA, J. (2003): *Arquitectura como materia pensante: Mente, territorio y sociedad en un mundo global*. Barcelona.

PEREC, G. [1975](1992): *Tentative d'épuisement d'un lieu parisien* [Tentativa de agotar un lugar parisino]. Rosario: Beatriz Viterbo Editora, pp. 15-16.

QUETGLAS, J. (1990): "No te hagas ilusiones". *El Croquis* MIRALLES / PINÓS 1983-1990, n.º 30, 49+50, pp. 24-29.

QUENEAU, R. (1987): *Ejercicios de estilo*. Madrid: Cátedra.

ROVIRA I GIMENO, J. M. (2009): "Enric Miralles: tendersi come un arco: Mercado de Santa Caterina en Barcelona, 1997-2005". *DC. Revista de Crítica Arquitectónica*, 17-18, pp. 163-180.

TUÑÓN, E.; MORENO MANSILLA, L. (2000): "Apuntes de una conversación informal con Enric Miralles". *El Croquis* ENRIC MIRALLES / BENEDETTA TAGLIABUE 1995-2000, n.º 100-101, p. 8.

Bibliografía

El alumnado consultará al profesorado la bibliografía más adecuada para cada ejercicio o caso concreto. A continuación, se relaciona un listado general:

AA. VV. Programas docentes de la asignatura de Dibujo I de cursos anteriores.

ABRAMS, M. (2014): *The Art of City Sketching*. A field manual. Londres: Routledge.

BAKER, G. (1997): *Le Corbusier. Análisis de la forma*. Barcelona: Gustavo Gili.

BAKER, G. (1998): *Análisis de la forma: urbanismo y arquitectura*. Barcelona: Gustavo Gili.

BERGER, J. (1974): *Modos de ver*. Barcelona: Gustavo Gili.

CAMP, J. (1982): *Dibujar con los grandes maestros*. Madrid: Blume.

CANO LASO, J. (1985): *La ciudad y su paisaje*. Edición del autor.

CHING, F. (1999): *Dibujo y proyecto*. Barcelona: Gustavo Gili.

CHING, F. (2016): *Manual de dibujo arquitectónico*. 5.ª ed. rev. Barcelona: Gustavo Gili.

DELGADO, M.; REDONDO, E. (2004): *Dibujo a mano alzada para arquitectos*. Barcelona: Parramón

EDWARDS, B. (2000): *Aprender a dibujar con el lado derecho del cerebro*. Barcelona: Urano.

KAIJIMA, M.; KURODA, J.; TSUKAMOTO, Y. (2001): *Made in Tokio*. Tokio: Kaijima Institute Publishing.

LEUPEN, B. (1999): *Proyecto y análisis: Evolución de los principios en arquitectura*. Barcelona: Gustavo Gili.

LLOVERAS, J. (2021): *Esguards docents*. Barcelona: UPC.

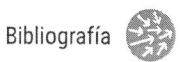

MARÍN, J. (1983): *Técnicas y texturas en el dibujo arquitectónico*. México: Trillas.

MONTES SERRANO, C. (1992): *Representación y análisis formal: Lecciones de análisis de formas*. Universidad de Valladolid.

NORBERG-SCHULZ, Ch. (1998): *Intenciones en arquitectura*. Barcelona: Gustavo Gili.

PALMER, J. (1993): *Dibujo*. Madrid: Anaya.

PANIAGUA, J. R. (2006): *Vocabulario básico de arquitectura*. Madrid: Cuadernos Arte Cátedra.

RASMUSSEN, S. E. (2000): *La experiencia de la arquitectura: Sobre la percepción de nuestro entorno*. Barcelona: Reverté.

ROCHA, Z. (2019): *Lina Bo Bardi dibuja*. Barcelona: Fundació Joan Miró

ZEVI, B. (1998): *Saber ver la arquitectura: Ensayo sobre la interpretación espacial de la arquitectura*. Barcelona: Apóstrofe.

ZUMTHOR, P. (2014): *Pensar la arquitectura*. Barcelona: Gustavo Gili.